Mediterrane Küche

Mediterrane Küche

Jacqueline Clark und Joanna Farrow

monte von DUMONT

Die Deutsche Bibliothek – CIP-Einheitsaufnahme

Mediterrane Küche / Jacqueline Clark und Joanna Farrow. [Hrsg.: Joanna Lorenz. Fotogr. und Styling: Michelle Garrett unter Mitarb. von Dulce Riberio. Aus dem Engl. von Birgit Lamerz-Beckschäfer unter Mitarb. von Barbara Klingmann]. - Köln : DuMont, 2000
  (Monte von DuMont)
  Einheitssacht.: A taste of the Mediterranean <dt.>
  ISBN 3-7701-8557-9

Copyright © 1996 der englischen Originalausgabe
Anness Publishing Limited, London
Titel der englischen Ausgabe: *A Taste of the Mediterranean*

© 2000 der deutschsprachigen Sonderausgabe: DuMont Verlag, Köln
Copyright © 1997 der deutschsprachigen Ausgabe
DUMONT Buchverlag, Köln
Alle deutschsprachigen Rechte vorbehalten

Text: Jacqueline Clark und Joanna Farrow
Herausgeberin: Joanna Lorenz
Gestaltung: Nigel Partridge
Fotografie und Styling: Michelle Garrett, unter Mitarbeit von Dulce Riberio
Mustergerichte: Jacqueline Clark und Joanna Farrow
Illustration: Anna Koska

Aus dem Englischen von Birgit Lamerz-Beckschäfer
unter Mitarbeit von Barbara Klingmann
Redaktion und Satz der deutschsprachigen Ausgabe:
Hans E. Latzke Redaktionsbüro, Bielefeld

Printed and bound in Singapore

ISBN 3-7701-8557-9

Inhalt

Einführung	6
Zutaten	10
Vorspeisen	18
Suppen	40
Gemüse	62
Salate	84
Fisch & Meeresfrüchte	106
Fleisch	136
Huhn & Wildgeflügel	168
Getreide & Hülsenfrüchte	196
Dessert & Gebäck	224
Register	252

Einführung

In den ans Mittelmeer angrenzenden Ländern bereitet man Speisen zu, die zu dem Besten gehören, was die Welt zu bieten hat. Begleiten Sie uns auf einer kulinarischen Rundreise.

EINFÜHRUNG

Ein azurfarbener Himmel über tiefblauem Meer, hellgoldener Strand, strahlend weiß gekälkte Wände, das leuchtende Rot, Grün, Gelb, Purpur und Orange all der Blumen, Früchte und Gemüse, die der Wochenmarkt zu bieten hat: Das sind die Farben auf der Palette der Mittelmeerländer. Vielen von uns sind diese Bilder vertraut, wenn sie auch für jeden Assoziationen an ein anderes Land wecken. Wir besuchen auf unserer kulinarischen Reise rings um das Mittelmeer die Länder Spanien, Frankreich, Italien, Griechenland, die Türkei, Syrien, den Libanon, Israel, Ägypten, Libyen, Tunesien, Algerien und Marokko. Malta und Zypern sind als Inseln mitten im Meer im wahrsten Sinne des Wortes *mediterran*. In vieler Hinsicht unterscheiden sich diese fünfzehn Länder, doch in einem Punkt sind sich alle einig, und das ist die Vorliebe für gutes Essen.

Schon die Phönizier, Griechen und Römer, die das Land rings um das Mittelmeer Jahrhunderte vor Christi Geburt bewohnten, kannten die Grundlagen für den Anbau von

OBEN: *Ein Hain uralter Olivenbäume in der Provence.*

Getreide, Oliven und Trauben, aus denen sie Brot, Öl und Wein herstellten. Diese drei Grundzutaten sind noch heute die Eckpfeiler der Mittelmeerküche. Dank der Seefahrt blühte der Handel mit fremden Waren, und so entwickelte sich zwischen den verschiedenen Regionen ein reger Austausch von Feldfrüchten, Zutaten – und Rezepten. Die Gewürze des Ostens wurden über Arabien eingeführt, und Safran, Nelken, Chili, Ingwer und Piment sind noch heute im gesamten Mittelmeerraum für süße wie für pikante Gerichte sehr beliebt. Auch Nüsse werden in vielen Ländern gern verwendet, wobei Mandeln, Pistazien und Pinienkerne am Mittelmeer heimisch und wohl deshalb am häufigsten verwendet werden.

Denkt man an die Mittelmeerküche, sieht man spontan vor allem frisches Obst, Gemüse und Kräuter vor sich. Die Marktplätze von Marseille bis Marokko sind ein Fest für die Sinne: Tomaten, Auberginen, Zucchini, Pfirsiche,

EINFÜHRUNG

Feigen und Knoblauch, verlockend zu prächtigen Stapeln aufgehäuft, und würzig riechende Kräuter wie Basilikum und Thymian bieten Farben und Düfte, die von der glühenden Sonne noch intensiviert werden.

Die Stärke der Mittelmeerküche ist die Frische ihrer Zutaten. Sie ist ehrlich, schnörkellos und respektiert die Eigenheiten jeder Speise. Neuere Untersuchungen haben ergeben, daß sie auch ausgesprochen gesund ist. Dabei geht es im wesentlichen um das zum Kochen verwendete Olivenöl, das einen hohen Anteil an einfach ungesättigten Fettsäuren aufweist. Olivenöle unterscheiden sich in der Farbe, wobei die Palette vom Goldgelb des spanischen Öls bis zum satten Grün bestimmter griechischer, provençalischer und italienischer Öle reicht.

Die Menschen der Mittelmeerländer kennen seit jeher große Not, und auch wenn wir vor unserem geistigen

UNTEN: *Saftige Apfelsinen in einem Orangenhain bei Sevilla.*

OBEN: *Wasser- und Zuckermelonen leuchten auf einem griechischen Wochenmarkt in der Sonne.*

Auge nur sonnendurchflutete Urlaubsbilder sehen, kann das Wetter doch auch rauh und ungemütlich sein. Monatelange Trockenheit, furchtbare Stürme und eine unberechenbare See können die Ernte oder die Ausbeute der Fischer zunichte machen. Deshalb verstehen es die Menschen des Mittelmeerraums selbst heute noch, auch die schlichtesten Gerichte als Lebensspender zu genießen. Brot ist ein wichtiges Grundnahrungsmittel und begleitet jede Mahlzeit, sei es ein Teller Suppe oder eine Platte mit gegrilltem Fisch.

Vielleicht könnte man die mediterrane Küche als ›bäuerlich‹ bezeichnen, jedoch nicht im abwertenden Sinn, sondern voller Ehrfurcht vor den Menschen, die uns einen so reichen Schatz an alten Rezepten hinterlassen haben. In diesem Buch finden Sie traditionelle Gerichte wie zum Beispiel *gazpacho*, *ratatouille*, griechischen Bauernsalat und provençalische *daube*, aber auch neue Kreationen aus mediterranen Zutaten, so zum Beispiel die Terrine von gegrillten Gemüsen, gebratene Rotbarben mit Basilikum und Zitrusfrüchten, die Pizza mit Pilzen und *pesto* oder die Eiscreme aus türkischem Geleekonfekt.

Ebenso wie die Menschen am Mittelmeer sollten auch Sie bei den Zutaten auf Frische und beste Qualität achten, selbst wenn Sie dann einige nur zu bestimmten Jahreszeiten bekommen, beispielsweise Venusmuscheln oder Feigen. Zur Belohnung genießen Sie den vollen Geschmack der köstlichen Mittelmeerküche.

EINFÜHRUNG

ZUTATEN

Gemüsesorten

ARTISCHOCKEN Im Mittelmeerraum werden verschiedene Sorten angebaut. Beim Kauf sollte man festen, geschlossenen Exemplaren den Vorzug geben. Nach dem Kochen kann man die Blattansätze und den Boden essen. Sehr kleine Sorten serviert man meist im ganzen, manchmal sogar roh.

TOPINAMBUR Auch Erdartischocke genannt. Es handelt sich um die Knollen einer Sonnenblumenart, die wie knubbelige Kartoffeln aussehen und auch genauso verarbeitet werden.

AUBERGINEN Sie stammen zwar aus Asien, sind jedoch heute unverzichtbarer Bestandteil der Küche aller Mittelmeerländer. Es gibt viele verschiedene Sorten, darunter grüne, weiße und gelbe. Am weitesten verbreitet sind die violetten rundovalen Früchte. Beim Kauf sollten Auberginen fest und glänzend sein und einen grünen Stielansatz haben. Für manche Rezepte werden Auberginen vor dem Garen durch Einsalzen entwässert, um ihnen mit dem Saft Bitterstoffe zu entziehen; außerdem saugen sie dann beim Braten weniger Öl auf.

ACKERBOHNEN Auch als Dicke Bohnen bezeichnet. Die jungen Exemplare gart und ißt man mit der Schote oder serviert sie wie in Italien roh mit Käse. Sind die Bohnen etwas älter, löst man sie aus den Schoten und kocht sie, manchmal werden sie sogar einzeln geschält. Getrocknete

Artischocken

Fenchel

Ackerbohnen sind besonders im Nahen Osten beliebt, wo man sie mit Gewürzen gart oder in Schmortöpfe gibt.

ZUCCHINI Eine Kürbis-Unterart. Sie schmecken am besten, wenn sie noch jung und klein sind; roh sind sie besonders knackig und lecker. Je größer die Früchte sind, desto weniger Aroma besitzen sie. Beim Kauf sollte man feste, glatte und glänzende Exemplare bevorzugen. Gelegentlich werden gelbe Zucchini angeboten, die genauso wie die grünen schmecken, aber farblich hübsche Akzente setzen. In Italien und Frankreich werden auch die gelben Blüten entweder gefüllt und gedämpft oder in Ausbackteig getaucht und fritiert.

FENCHEL Die weiße Knolle aus überlappenden Blattansätzen hat ein frisches Anisaroma und schmeckt roh ebenso gut wie gegart. Fenchel paßt vorzüglich zu Fisch und Hähnchen, läßt sich aber auch hervorragend gebraten oder mit Käsesauce überbacken als Gemüsegang servieren. Achten Sie auf feste, runde Knollen und verwenden Sie das Grün zum Garnieren. Wenn Sie den Fenchel roh servieren möchten, beträufeln Sie feingeschnittene Blattansätze mit etwas Zitronensaft, damit sie nicht braun werden.

PILZE Die Mittelmeerküche verwendet geschlossene weiße und Crème-Champignons sowie je nach Land auch Waldpilze, die im Herbst auf den Märkten angeboten werden, zum Beispiel Steinpilze, Pfifferlinge und Austernseitlinge.

EINFÜHRUNG

Okra-Schoten

OKRA Dieses Gemüse, das bei uns auch unter dem Namen Bamia angeboten wird, besteht aus länglichen fünfseitigen Schoten. Ihr feines Aroma und ihre etwas klebrige Textur werden bewußt zum Andicken und Bereichern bestimmter Gerichte eingesetzt. In der nahöstlichen und griechischen Küche wird Okra mit Knoblauch, Zwiebeln und Tomaten zu wunderbaren Gerichten kombiniert. Wählen Sie kleine, feste Schoten. Man verwendet sie im ganzen oder in Stücke geschnitten.

ZWIEBELN Als Grundlage zahlreicher Gerichte sind Zwiebeln unverzichtbarer Bestandteil der Mittelmeerküche. Es gibt viele Sorten, die sich in Farbe, Größe und Schärfe unterscheiden. Für Salate oder andere Gerichte mit rohen Zwiebeln wählt man am besten die milderen, süßlicheren Sorten mit roter oder weißer Schale. Auch die dicken spanischen Gemüsezwiebeln sind mild und bieten sich an, wenn eine große Menge an Zwiebeln für ein Rezept benötigt wird. Perlzwiebeln gibt man unzerteilt in Schmortöpfe oder serviert sie als separates Gemüsegericht.

PAPRIKA Grüne, rote und gelbe Paprikaschoten bilden auf allen Märkten rings ums Mittelmeer leuchtende Farbtupfer. Ihr Aroma kommt am besten zur Geltung, wenn man die Schoten grillt, bis sich die Schale löst, sie dann enthäutet und in Olivenöl einlegt.

RADICCHIO Diese rote Zichorienart ist in Italien sehr beliebt. Von den verschiedenen Sorten ist die runde, die wie ein kleiner Kopfsalat aussieht, am weitesten verbreitet. Die knackigen, herben Blätter schmecken roh oder gegart. Gegrillt, mit Olivenöl beträufelt und mit schwarzem Pfeffer bestreut ist Radicchio besonders lecker, man kann ihn aber auch in feine Streifen schneiden und unter *risotto* oder Spaghetti heben. Die rohen Blätter ergeben schöne Farbtupfer in gemischtem Salat.

SPINAT Dieses Blattgemüse erfreut sich in allen Mittelmeerländern großer Beliebtheit. Gekocht oder roh liefert er reichlich Vitamin A und C. Junge Spinatblätter können ohne große Vorbereitung roh gegessen werden, ältere müssen sehr gründlich gewaschen, verlesen und von den harten Stielen befreit werden. Spinat gehört in pikantes orientalisches Gebäck, zu spanischen *tapas*, französischen Gemüsetorten und vielen anderen Gerichten, oft zusammen mit Eiern oder Fisch. Spinat fällt beim Kochen stark in sich zusammen, deshalb muß man pro Person rund 250 g Spinatblätter rechnen.

TOMATEN Auf den Märkten rings ums Mittelmeer findet man ausgezeichnete Tomaten. Die sonnengereiften, sehr aromatischen Früchte werden in vielen verschiedenen Sorten angeboten, von Fleischtomaten, die sich besonders zum Füllen eignen, über Eier- und Strauchtomaten bis zu Kirschtomaten und birnenförmigen Minitomaten. Zusammen mit Zwiebeln und Knoblauch kocht man aus Tomaten eine vielseitig verwendbare Sauce, die typisch für viele

Radieschen

EINFÜHRUNG

Strauchtomaten

mediterrane Gerichte ist. Getrocknet oder als Konserve lassen sich Tomaten ohne weiteres längere Zeit lagern.

WEINBLÄTTER Die hübschen Blätter werden seit Jahrhunderten zum Kochen verwendet, sei es mit vielerlei guten Dingen gefüllt oder als ›Verpackung‹ für Fleisch, Fisch und Geflügel. Frische Weinblätter müssen jung und noch weich sein. Will man in Salzlake eingelegte Blätter verwenden, legt man sie vor dem Füllen 20–30 Minuten in heißes Wasser.

OLIVEN

Oliven sind die Früchte des Ölbaums, des ältesten bekannten Kulturbaums im Mittelmeerraum. Es gibt Hunderte verschiedener Olivensorten, die sich in Größe, Qualität und Geschmack unterscheiden. Die Farbe hängt allein vom Reifegrad ab, denn die Frucht färbt sich von Gelb über Grün, Violett, Purpur und Braun bis Schwarz – erst dann ist sie durch und durch reif. Die eingelegten Oliven, wie wir sie kennen, werden im gewünschten Reifegrad geerntet, gewässert, leicht zerdrückt und in Salzlake gelegt. Angeboten werden sie mit und ohne Kern, mit Paprika, Sardellen oder Mandeln gefüllt oder mit verschiedenen Gewürzen eingelegt, beispielsweise Knoblauch, Koriander, Chili oder Kräutern.

MILCHPRODUKTE

KÄSE Das Käseangebot der Mittelmeerländer ist reichhaltig und überaus vielfältig. In der bäuerlichen Tradition dominieren Käse aus Ziegen- und Schafsmilch, es gibt aber auch solche aus Kuh- und sogar Büffelmilch (letztere für italienischen *mozzarella*). Auch Frischkäse wird in vielen Ländern aus unterschiedlicher Milch nach diversen Verfahren hergestellt.

JOGHURT Wird durch Zersetzung von pasteurisierter Milch (von der Kuh, in Griechenland und dem Nahen Osten auch von Ziege oder Schaf) mittels Bakterien gewonnen. In den Ländern des Nahen Ostens wird er in vielfältiger Weise zu Grilladen oder in der Nomadenküche als Eiweißlieferant verwendet. Griechischer Joghurt ist dick und cremig, französischer traditionell eher schnittfest, türkischer fast flüssig. Man verwendet ihn für Marinaden, Dips und als Bereicherung von Suppen und Eintöpfen.

GETREIDE

KUSKUS Kuskus (auch *couscous*) sind aus angefeuchtetem Hartweizengrieß gerollte, mit feinem Weizenmehl bestäubte Kügelchen. Handelsüblichen Kuskus braucht man nur anzufeuchten und zu dämpfen, damit die Körnchen dick und weich werden. Kuskus ist das Grundnahrungsmittel der nordafrikanischen Küche, wo man ihn in der Regel zu würzigem Fleisch- oder Gemüseragout serviert, aber auch als Füllung oder Salatzutat verwendet.

BULGUR Es handelt sich um vorgedämpften Weizenschrot; er hat deshalb eine sehr kurze Garzeit. Man verwendet Bulgur anstelle von Reis als Beilage zu Grillfleisch, mit und ohne Hackfleisch gemischt als Füllung für Teigtaschen oder für Salate wie *tabbouleh*.

REIS Auch von diesem weltweit verbreiteten Grundnahrungsmittel gibt es zahlreiche Spielarten, allein in Italien vier Sorten Rundkornreis für *risotto*, in Spanien den Valencia-Reis für *paella*. Im Nahen Osten serviert man zu jeder Mahlzeit Reis, sei er schlicht gekocht oder mit Safran und Gewürzen in ein raffiniertes *pilau* verwandelt.

OBST

DATTELN Frische Datteln bekommt man inzwischen fast überall als Importe aus Israel und Kalifornien, doch auch getrocknete Datteln sind nach wie vor unerläßlich für Kuchen und Früchtebrot. Reife Datteln sehen etwas runzlig aus und weisen ein intensives Honigaroma und festes Fruchtfleisch auf. Am besten schmecken sie einfach ›nur so‹ oder entkernt zu dickem griechischen Joghurt.

FEIGEN Diese Früchte sind in allen Mittelmeerländern heimisch, wenn auch in farblich unterschiedlichen Sorten. Die Palette reicht von dunklem Purpur über Grün bis zu Goldgelb, doch alle bestehen gleichermaßen aus Hunderten winziger Samenkörnchen in einer weichen Hülle aus wohlschmeckendem rosa Fruchtfleisch. Wählen Sie feste, makellose Früchte, die auf Druck gerade eben nachgeben.

EINFÜHRUNG

Stellen Sie Feigen ›ohne alles‹ auf den Tisch oder servieren Sie dazu Parmaschinken; auch griechischer Joghurt mit Honig schmeckt köstlich dazu.

MELONEN Es gibt unzählige verschiedene Größen, Formen und Farben, sei es die Gruppe der Zuckermelonen mit gelblichem oder grünem Fruchtfleisch wie Kantalup-, Charentais-, Galia-, Netz-, Honig- und Ogenmelone oder die Wassermelone mit ihrem saftigen rosa Fleisch. Eine reife Melone läßt sich am Stielansatz gerade eben eindrücken und duftet intensiv. Melonen werden nur selten in gegarten Gerichten verwendet, sondern meist in ›Schiffchen‹ geschnitten und gut gekühlt serviert oder mit anderem Obst zu Salaten angerichtet.

PFIRSICHE UND NEKTARINEN Pfirsiche brauchen viel Sonne zum Reifen. Sie wachsen unter anderem in Frankreich, Spanien und Italien. Es gibt Sorten mit gelbem, rosa und weißem Fruchtfleisch. Achten Sie beim Kauf darauf, daß die Früchte makellos sind und auf Druck gerade eben nachgeben. Nektarinen haben ein ebenso wunderbares Aroma wie Pfirsiche, besitzen aber eine glatte Schale.

ORANGEN Apfelsinen werden überall im Mittelmeerraum angebaut, vor allem aber in Spanien. Die im Januar reifen Sevilla- oder Bitterorangen, auch Pomeranzen genannt, werden zu Orangeat und Likör verarbeitet. Der aromatischste Teil ist die Schale, die in vielen Rezepten in Form feiner Zesten zusätzlich zum Fruchtfleisch verwendet wird.

Feigen

Wolfsbarsch

FISCH UND MEERESFRÜCHTE

ROTBARBE Dieser Fisch, auch als Rouget im Handel, ist an allen Mittelmeerküsten sehr beliebt. Meist grillt man sie einfach über dem offenen Holzfeuer, oft ohne die Leber zu entfernen, weil sie viel Aroma abgibt. Man kann Rotbarben auch filetieren und braten oder zusammen mit anderen Fischen zu delikaten Suppen verarbeiten.

WOLFSBARSCH Ein relativ teurer Edelfisch, der meist im ganzen zubereitet wird. Das zarte, leicht zerfallende Fleisch muß sehr vorsichtig gegart werden, deshalb wird der Fisch gern pochiert, gedämpft, gegrillt oder gebacken.

TINTENFISCH Von Spanien bis Griechenland sind Sepia, Kalmar und Oktopus (Krake) sehr beliebt. Die kleineren Kalmare gart man im ganzen oder füllt sie, die größeren Sepia und Oktopusse fritiert und schmort man in Streifen geschnitten. Das Fleisch ist fein im Geschmack und schon nach kurzer Garzeit zart. Mit der Tinte kann man köstliche Saucen zubereiten.

STOCKFISCH Stockfisch kommt aus Norwegen, Island und Neufundland. Der Fisch wird ausgenommen, in Salzlake eingelegt und getrocknet. Das Ergebnis sieht zunächst wenig einladend aus und riecht stechend, wird jedoch nach 48stündigem Einweichen und einer Zubereitung nach mediterraner Art zu einer Delikatesse.

THUNFISCH Der große Fisch gehört zu derselben Familie wie die Makrele. Das tiefrote, sehr feste Fleisch wird als Steaks oder in großen Stücken angeboten. Da es beim Garen schnell trocken wird, mariniert man es am besten und begießt es auch zwischendurch immer wieder. Thunfisch kann man backen, braten, grillen oder schmoren.

KRABBEN Es gibt Tausende verschiedener Krabben- und Krebsarten auf der Welt. Im Mittelmeerraum sind vor allem Taschenkrebs und Seespinne verbreitet. Man unterscheidet

EINFÜHRUNG

braunes und weißes Krebsfleisch. Taschenkrebse werden oft bereits gegart und tischfertig angeboten. Wählen Sie am besten ein schweres, fleischiges Exemplar.

MUSCHELN Im Mittelmeerraum sind sie von September bis April zu haben. Man bürstet sie ab und entfernt den ›Bart‹, die anhaftenden haarigen Büschel. Offenstehende Muscheln stößt man kurz und heftig auf die Arbeitsfläche; schließen sie sich danach nicht, wirft man sie lieber weg. Es gibt Muscheln in allen möglichen Größen und Farben von Blauschwarz bis Braungesprenkelt. Sie sind problemlos zu garen, man braucht sie nur ein paar Minuten in einem geschlossenen Topf zu dämpfen.

GARNELEN Auch hier gibt es enorme Größenunterschiede. Klassische Mittelmeer-*Scampi* sind mit rund 20 cm Länge sehr ansehnlich, im rohen Zustand rotbraun und nach dem Kochen rosarot. Wenn man Garnelen bei großer Hitze gart, etwa auf dem Grill, sollte man sie in der Schale belassen, damit das zarte Fleisch nicht anbrennt.

HÜLSENFRÜCHTE

KICHERERBSEN Sie sehen wie blaßgoldene Haselnüsse aus. Man kauft sie getrocknet oder vorgekocht. Kichererbsen besitzen ein nussiges Aroma und werden von Nordafrika bis Spanien für Eintöpfe aller Art verwendet. Im Nahen Osten macht man daraus Mehl, in Griechenland verarbeitet man Kichererbsenpüree zusammen mit Sesampaste *(tahini)* zu *hummus*, einem wundervollen Dip. Vor dem Kochen sollte man Kichererbsen mindestens 5 Stunden einweichen lassen.

WEISSE BOHNEN Die runde kleine Perlbohne wird beim Kochen relativ weich und in Spanien und Portugal gern für Schmorgerichte verwendet. In Frankreich gehört sie in das berühmte *cassoulet*. Unterarten sind die italienische *cannellini*-Bohne und die weiße Riesenbohne *(bianchi di spagna)*, die oft mit Thunfisch oder Salbei serviert wird und auch aus der griechischen Küche bekannt ist. In Suppen und Salaten munden weiße Bohnen vorzüglich. Man läßt sie vor dem Kochen 3 bis 4 Stunden einweichen.

LINSEN Auch Linsen gibt es in verschiedenen Größen und Farben von Gelb über Rot und Braun bis Grün. In Frankreich bevorzugt man die winzigen grünen Le Puy-Linsen, während man im Nahen Osten eher die braunen und roten Sorten mit Gewürzen zu *dhal* oder Suppen verarbeitet. Linsen benötigen ohne Einweichen nur eine knappe Stunde Garzeit.

NUDELN

Nudeln gelten zwar vor allem als italienisches Nationalgericht *(pasta)*, sind jedoch überall im Mittelmeerraum bekannt und eine Weiterentwicklung der chinesischen Teigwaren, die über die Handelsstraßen des Orients nach Europa gelangten. In Italien gibt es unzählige Sorten, seien es flache Lasagneblätter, Bandnudeln oder speziell geformte Preßnudeln, die viel Sauce aufnehmen. Während getrocknete Nudeln sich gut auf Vorrat lagern lassen, haben frische Teigwaren mehr Aroma und einen besseren ›Biß‹, außerdem kann man sie gut einfrieren. Sowohl getrocknet als auch frisch werden sie beispielsweise mit Tomaten, Oliven, Spinat oder Pilzpaste aromatisiert angeboten, auch mit Sepia-Tinte gefärbte schwarze Nudeln erfreuen sich zunehmender Beliebtheit. Nudeln selbst herzustellen ist ganz leicht, wenn man den Teig gut kühlt, bevor man ihn auswallt, was übrigens mit einer Nudelmaschine mühelos gelingt. Man mengt aus 1 Ei auf 100 g Mehl und etwas Salz einen geschmeidigen Teig und läßt ihn feucht eingeschlagen 60 Minuten ruhen. Für rote Nudeln werden 2 EL Tomatenmark eingearbeitet, für grüne 100 g gekochter und pürierter Spinat auf 500 g Mehl (wobei man aber 2 Eier wegläßt). Tintenfisch-Tinte für schwarze Nudeln ist in gutsortierten Fischgeschäften in kleinen Beuteln erhältlich. Auf 500 g Mehl sollten mindestens zwei Beutel kommen, dabei läßt man dann 1 Ei weg.

Garnelen

EINFÜHRUNG

Geröstete Pinienkerne

NÜSSE

MANDELN Sie sind wichtiger Bestandteil süßer Backwaren und werden oft auch pikanten Gerichten hinzugefügt. Auf mediterranen Märkten kauft man frische Mandeln noch in der grünen, samtigen Schale.

PINIENKERNE Diese kleinen Samenkerne werden für süße und pikante Speisen verwendet. Sie bilden die Grundlage für *pesto*, die italienische Basilikumsauce.

PISTAZIEN Diese dekorativen Nüsse stammen aus dem Nahen Osten. Das Fruchtfleisch ist hell- bis dunkelgrün und von einer papierdünnen purpurroten Haut umgeben. Pistazien sind wegen ihres feinen Aromas in zahlreichen Gerichten geschätzt, sei es Gebäck (süß oder pikant), Eiscreme oder Nougat.

WALNÜSSE Diese höchst vielseitige Nuß findet in süßen wie pikanten Rezepten Verwendung. Walnußöl ist in Frankreich beliebte Zutat für Salatsaucen. In anderen Ländern gibt man Walnüsse gehackt in Kuchenteig, gemahlen zu Saucen, oder man ißt sie einfach so, solange sie noch frisch und weich sind.

KRÄUTER

BASILIKUM Eines der wichtigsten Kräuter der Mittelmeerküche, vor allem der italienischen. Die milden, zarten Blätter, die groß wie Kohlblätter werden können, passen ausgezeichnet zu Tomaten, Auberginen, Paprika, Zucchini und Käse. Eine Handvoll zerkleinerter Blätter gibt Salaten eine interessante Note. Basilikum wird auch zum Aromatisieren von Olivenöl verwendet.

LORBEER Die ledrigen Blätter des mediterranen Lorbeerbusches verstärken das Aroma vieler Speisen, die lange Garzeiten erfordern, etwa Fonds, Suppen und Schmorgerichte. Man würzt damit auch Marinaden, fädelt sie mit auf *kebab*-Spieße, wirft sie ins Holzkohlenfeuer, damit das Grillgut einen aromatischen Rauchgeschmack erhält, und verwendet sie als Dekoration. Süßspeisen erhalten eine warme, würzige Note, wenn man ein oder zwei junge Lorbeerblätter eine Weile in aufgekochter Milch oder Sahne ziehen läßt.

BOUQUET GARNI Traditionell gehören zu diesem Sträußchen Petersilie, Thymian und Lorbeer, man kann aber auch andere Kräuter hinzufügen, etwa Rosmarin und Majoran. Man bekommt die Bouquets getrocknet lose, in Musselin eingeknotet, kann aber auch frische Sträußchen selbst binden. Der Vorteil ist jeweils, daß man die Kräuter vor dem Servieren leicht wieder herausnehmen kann.

KERBEL Das hübsch gefiederte Kraut schmeckt ein bißchen wie milde Petersilie und muß recht großzügig verwendet werden, will man das Aroma herausschmecken. Die französische Küche setzt es häufig ein. Es macht sich gut in Kräuterbutter und paßt zu Eiern und Käse.

SCHNITTLAUCH Ein grasartiges Kraut mit schönen lila Blüten. Der Geschmack ähnelt milden Zwiebeln.

KORIANDER Frisches Korianderkraut, zu riesigen Bündeln geschnürt, ist ein vertrautes Bild auf den Märkten des östlichen Mittelmeerraums. Die Blätter werden erst gegen Ende der Garzeit zugegeben und verleihen Suppen, Eintöpfen, Saucen und kräftig gewürzten Speisen ein apartes Aroma. Auch in Salaten und Joghurtzubereitungen verwendet man sie, allerdings in Maßen.

DILL Die fedrigen Blätter verströmen ein feines Anisaroma und sind vor allem in Griechenland und der Türkei sehr beliebt. Man gibt das gehackte Kraut zu Fisch- und Geflügelgerichten oder würzt damit Füllungen und Reis.

MAJORAN Ein vielseitiges Kraut, von dem es mehrere Unterarten gibt. Man findet wilden und gezüchteten Majoran, beide Sorten passen zu rotem Fleisch, Wild und Tomaten. Wilden Majoran nennt man Oregano.

MINZE Minze ist eines der ältesten und verbreitetsten Kräuter. In Griechenland wird gehackte Minze neben anderen Kräutern für gefüllte Gemüse und Fischgerichte verwendet, in der Türkei und dem Nahen Osten gibt gehackte Minze Joghurtspeisen, Tee und kalten Getränken eine kühle, säuerliche Note.

PETERSILIE Die glattblättrige Version wird am Mittelmeer bei weitem öfter verwendet als die bei uns übliche krause Petersilie. Man mischt sie mit Knoblauch und Zitronenzesten zu einer herrlich aromatischen *gremolata*, die als

EINFÜHRUNG

Erst frische Kräuter vollenden ein Gericht.

appetitlich grüne, erfrischende Garnitur über Tomaten oder Reisgerichte gestreut wird.

ROSMARIN Vor allem in Frankreich, Spanien und Italien wird Rosmarin gern als Gewürz zu Fleisch verwendet. Legt man ein paar Stengel davon unter ein Brathähnchen oder eine Lammkeule und gibt reichlich Knoblauch dazu, steigt schon bald das betörend warme, milde Aroma auf.

SALBEI Die an mediterranen Nordküsten heimische Pflanze hat samtige Blätter, die einen kräftigen Duft verströmen. Man nimmt sie eher sparsam zu Fleisch und Wild.

ESTRAGON Die lanzettförmigen Estragonblättchen besitzen ein ganz typisches Aroma, das vor allem in der französischen Küche sehr geschätzt wird. Man verwendet Estragon großzügig zu Eier- und Geflügelgerichten, auch zu Lachs und Forelle. Estragonessig ist eine hervorragende Würze für Mayonnaise oder Sauce Hollandaise.

THYMIAN Schon ein paar Stengel dieses robusten Krauts verleihen geschmorten Fleisch- und Geflügelgerichten oder auch Marinaden und Gemüsen ein wunderbares Aroma.

GEWÜRZE

KARDAMOM Dieses Gewürz wird meist eher mit der indischen Küche assoziiert, ist jedoch auch im östlichen Mittelmeergebiet weit verbreitet. Die schwarzen, grünen oder weißen Schoten werden geklopft, bis die kleinen schwarzen Samenkörner herausfallen. Diese zerdrückt man im Mörser, die Schoten werden nicht verwendet.

CHILI Es handelt sich um feurige Verwandte der Paprikafamilie. Die kleinen Schoten des Mittelmeer-Chilis sind oft etwas milder als die der sehr scharfen südamerikanischen Sorten, aber dennoch mit Vorsicht zu genießen, da die Schärfe schwer einzuschätzen ist. Man bekommt sie ganz oder als Chiliflocken, die schon entkernt und gehackt sind.

ZIMT Zimtstangen sind die dünn abgeschälten, aufgerollten Rinden des Zimtbaumes. Sie verströmen ein süßliches Aroma, das in der Küche des östlichen Mittelmeerraums häufig für Fleischspeisen und Süßspeisen eingesetzt wird. Gemahlener Zimt ist praktischer in der Handhabung, doch weniger aromatisch.

KORIANDERKÖRNER Die Samen des Korianders weisen ein warmes, etwas an Orangen erinnerndes Aroma auf, das für viele Gerichte der östlichen Mittelmeerküche unverzichtbar ist. Man kann den Geschmack noch dadurch verstärken, daß man die Körner im Mörser zerdrückt und vor der Verwendung in einer Pfanne leicht erhitzt.

KREUZKÜMMEL (CUMIN) Diese sichelförmigen dunklen Samen werden häufig zusammen mit Koriander verwendet, besonders bei den Spezialitäten Nordafrikas und des östlichen Mittelmeerraums.

MACISBLÜTE Die dünne, seidige Innenhaut der Muskatnuß, die man gemahlen oder als feine Fäden kaufen kann. Sie ist milder als Muskat.

MUSKAT Das süßlich-warme, volle Aroma der Muskatnuß betont süße und pikante Gerichte. Es paßt vor allem zu Spinat, Käse, Eiern, Terrinen und Patés.

PFEFFER Es gibt verschiedene Sorten von Pfefferkörnern. Bis auf die rosafarbenen stammen alle vom Pfefferstrauch. Die grünen, unreif gepflücken und in Salzlake eingelegten Pfefferkörner sind am mildesten, schwarzer oder weißer Pfeffer entfaltet frisch gemahlen am besten sein Aroma.

SAFRAN Das bei weitem teuerste Gewürz, denn für 450 g Handelsware müssen die Staubgefäße von rund 70 000 Safrankrokussen von Hand abgezupft werden. Das leuchtend gelbe Gewürz ist aus vielen Mittelmeergerichten nicht wegzudenken, so etwa französischen Fischeintöpfen, spanischen Reis- und Geflügelgerichten und italienischem *risotto*. Um das Aroma der Safranfäden zu verstärken, sollten sie vor der Verwendung kurz zerdrückt und mit etwas kochendem Wasser überbrüht werden.

AROMEN

KAPERN Kapern sind die Blütenknospen eines in der Mittelmeerregion heimischen Strauches und werden üblicherweise in Salz-Essig-Lake eingelegt. Sie dienen mit ihrem pikant-säuerlichen Aroma dazu, fettes Lammfleisch be-

EINFÜHRUNG

Eingelegte Zitronen sind auch eine Augenweide.

kömmlicher und Fischsaucen aparter zu machen. Auch zu Salaten und Pasten wie *tapenade* werden Kapern gern verwendet.

KNOBLAUCH Ein typisches Aroma der Mittelmeerküche. In der Tat gibt es nicht viele Rezepte, in denen er deplaziert wirken würde. Gleichgültig, ob man ihn zerdrückt, hackt oder im ganzen einsetzt, entfaltet er beim Garen auf kleiner Flamme ein sanftes Aroma. Roh verwendet, setzt er sich recht scharf durch. Beim Kauf sollte man darauf achten, daß die Zehen rundlich und fest sind.

HARISSA Eine feurig-scharfe Paste aus der nordafrikanischen Küche. Sie besteht aus Chili, Knoblauch, Kreuzkümmel, Koriander und Cayennepfeffer. Als Fertigprodukt bekommt man sie in Gläsern oder Tuben zu kaufen.

HONIG Dieses uralte Süßmittel verdankt sein jeweiliges Aroma den Blüten, deren Nektar die Bienen aufgenommen haben. Deshalb gibt es eine so große Sortenvielfalt. Türken und Griechen machen aus Honig sehr süße Backwaren und Desserts. In kleinen Mengen wird er auch pikanten Gerichten zugesetzt.

ZITRONEN UND LIMETTEN Die abgeriebene Schale und der ausgepreßte Saft von Zitronen und Limetten geben Fisch, Fleisch und Geflügel ein fruchtig-frisches Aroma.

ORANGENZESTEN Hauchdünn abgeschälte, in Streifen geschnittene Orangenschale verleiht südfranzösischen Fischeintöpfen und Suppen eine besondere Note.

EINGELEGTE ZITRONEN UND LIMETTEN In Salz eingelegte Zitrusfrüchte entwickeln ein milderes Aroma als frische. So bereitet man sie zu: Die Früchte abbürsten und vierteln; die Schnittflächen mit Salz einreiben. Dicht an dicht in ein sterilisiertes Einmachglas legen und dieses zur Hälfte mit Salz füllen, dabei einige Lorbeerblätter, Pfefferkörner und etwas Zimt zugeben. Mit Zitronensaft auffüllen, und das Glas fest verschlossen im Kühlschrank bis zu zwei Wochen aufbewahren, dabei täglich schütteln. Dann mit etwas Olivenöl auffüllen. Die Früchte halten sich bis zu sechs Monate. Vor dem Gebrauch wäscht man das Salz ab.

ROSENWASSER Die destillierte Rosenessenz wird vor allem im östlichen Mittelmeerraum zum Aromatisieren von Desserts verwendet. Die Intensität ist so unterschiedlich, daß man zunächst vorsichtig dosieren sollte.

TAHINI Diese sämige, ölige Paste aus gemahlener Sesamsaat verleiht nahöstlichen Gerichten ein nussiges Aroma.

TOMATENMARK Die konzentrierte Paste verstärkt das Tomatenaroma in Suppen, Eintöpfen und Saucen. Das Mark sonnengetrockneter Tomaten schmeckt noch intensiver und runder.

SPEZIELLE ZUTATEN

BRIK-TEIG Dieser sehr dünn ausgerollte Teig ähnelt ein wenig unserem Blätterteig. Obwohl er ganz einfach aus Weizenmehl, Wasser und Salz hergestellt wird, braucht es viel Erfahrung und Geschick, bis es gelingt, die feinen Teigplatten selbst zu machen. Im Handel erhält man ihn (zumeist tiefgefroren) auch unter dem Namen *fillo* in griechischen oder unter dem Namen *yufka* in türkischen Feinkostläden. Die 30 x 30 cm großen Platten sollte man vor Verwendung in der Packung etwa 2 Stunden lang auftauen lassen. Nicht benutzte Blätter mit einem feuchten Tuch abdecken, da sie schnell austrocknen.

KRITHARAKIA Reisnudeln aus der griechischen Küche, hergestellt aus Hartweizenmehl. Sie werden beim Kochen recht klebrig, so daß man genügend Wasser zugeben muß, wenn man sie in einem Schmorgericht mitgart. Man kann sie jedoch auch in reichlich Salzwasser etwa 8 Minuten vorkochen. Kritharakia sind in griechischen oder unter dem Namen Makarnası in türkischen Läden erhältlich.

OLIVENÖL Abgesehen davon, daß Olivenöl gesund ist, kann man sich die Mittelmeerküche ohne sein feines, nussiges Aroma kaum vorstellen. Am aromatischsten ist das kaltgepreßte ›Jungfernöl‹, auf Italienisch *olio extra vergine*. Diese höchste Qualität sollte man vor allem für Salate und andere kalte Speisen nehmen, denn durch Erhitzen gehen die Vorteile der Kaltpressung wieder verloren.

Vorspeisen

Vorspeisen gibt es rund ums Mittelmeer in schier unendlicher Vielfalt. Bei der breiten Auswahl an Leckereien findet jeder seine Lieblingsspeise.

VORSPEISEN

Ob *tapas*, *antipasti* oder *mezedes*, gemeint ist stets das gleiche, nämlich die unerschöpfliche Vielfalt von Appetithäppchen und Gabelbissen, die vor dem Essen zum Aperitif gereicht oder tagsüber als leichter Imbiß serviert werden. Dieses Kapitel gehört zu den interessantesten der Mittelmeerküche: Die unwiderstehlichen ›Gaumenkitzler‹ werden in einer lockeren, ruhigen Atmosphäre genossen und geben einen Vorgeschmack auf all die guten Sachen, die sich anschließen. Der Koch oder die Köchin entscheiden je nach Zeit und Lust, wie kompliziert und umfangreich die Vorspeisenplatte sein soll. Manchmal sind es nur ein paar marinierte Oliven, ortstypischer Käse oder frische Meeresfrüchte, manchmal jedoch eine Auswahl köstlicher gebackener Gemüse, eingelegter Gurken und würziger Teigtaschen.

Rechts: In tief gebückter Haltung bringen marokkanische Bauern die Olivenernte ein.

Links: Auf der griechischen Insel Naxos ist Ackerland eine Kostbarkeit. Die Berghänge sind überall terrassiert.

Das spanische Wort *tapa* bedeutet eigentlich ›Deckel‹ und kommt daher, daß die Wirte früher ein Glas Sherry mit einer dicken Scheiben Wurst oder Schinken bedeckt servierten. Daraus entwickelte sich die einfallsreiche Palette kleiner Gerichte, die spanische Tapas-Bars anbieten und die leicht eine vollständige Mahlzeit ersetzen. Gebratene neue Kartoffeln, *chorizo*-Wurst in Olivenöl, geknofelte Crevetten und *empanadillas* sind Klassiker unter den Tapas, ein weiterer ist die *tortilla*, eine Art Omelette, bei dem Kartoffeln in der Pfanne gebraten und mit verquirltem Ei übergossen werden, das man stocken läßt. Man serviert die Tortilla, in Tortenstücke geschnitten, kalt oder warm, und trinkt dazu einen eiskalten Wein der Region oder, wie auch zu anderen Tapas, Sherry, Portwein oder Bier.

Im östlichen Mittelmeerraum, also in Griechenland, der Türkei, dem Libanon und den nordafrikanischen Ländern, sind Vorspeisen ebenso beliebt. Man trinkt *arrak*, *raki* und *ouzo*, auch Wein, und genießt dazu Häppchen, die den Appetit anregen sollen und deshalb meist stark gewürzt sind. In Griechenland macht man aus Schafs- und Ziegenjoghurt feine Käse, die mit Kräutern in Olivenöl eingelegt werden. Auf geröstetes, warmes Brot gestrichen ersetzen solche *mezedes* ein komplettes Menü. Dazu passen

VORSPEISEN

OBEN: *Ein türkischer Fischer bietet seine Ware direkt vom Boot aus an.*

hervorragend Tomatensalat, gebratener *halloumi*- oder *keflotyri*-Käse mit Zitronensaft und Pfeffer oder eine Schale griechischer *tsatsiki*-Joghurt.

Türkische *mezeler* sind unglaublich vielfältig und quasi ein Muß für jeden Feinschmecker. Üppige Saucen aus Chili und Tomaten oder die erfrischende *cacik*-Sauce setzen neben Spezialitäten wie Knoblauchmuscheln, gegrilltem Gemüse und gefüllter Paprika interessante Akzente.

Gemüse, Salate und Hülsenfrüchte bilden die Grundlagen für die nordafrikanischen und libanesischen *mezze*. Schlichte Rohkost aus Möhren, Rüben und Gurken wird mit grobem Meersalz bestreut, kurz mariniert und mit Zitronensaft oder Weinessig beträufelt. Miniaturausgaben von Nationalgerichten wie *kibbeh* und winzige Brik-Taschen sind ebenfalls höchst erfreuliche Appetithappen.

Der klassische italienische Auftakt einer Mahlzeit sind die *antipasti*, meist eine Auswahl von Salami, Schinken und anderem Aufschnitt, dazu geröstete und eingelegte Paprika, Artischocken in Olivenöl, Bohnensalate, Sardellenfilets und typische Brote wie *crostini* und *focaccia*.

Leckere Dips, so zum Beispiel *tapenade*, Kräuter-*aioli* und kräftig geknofelte Vinaigrette sind in Frankreich beliebte *apéritifs*, oft ergänzt von vielfältigen rohen oder gegarten *crudités*, kräuterreichen Salaten und Radieschen mit Butter und Salz.

Die Vorspeisenauswahl ist zum Teil deshalb so attraktiv, weil man nach Lust und Laune einfache oder komplizierte Dinge servieren kann. Ein paar Vorspeisen ergeben bereits eine leichte sommerliche Mahlzeit, zwei oder drei eröffnen ein einfaches Essen, eine ganze Auswahl ein festliches Mahl. Zusätzlich kann man mit Oliven, mediterranen Brotsorten und mit Salz oder Gewürzen überzogenen Nüssen und Mandeln den Gaumen der Gäste erfreuen.

Das wichtigste aber sind Zeit und Muße, die leckeren Häppchen zu genießen, denn dazu benötigt man eine friedliche, entspannte Atmosphäre, die ein so wesentlicher Aspekt des mediterranen Lebensstils ist.

VORSPEISEN

FRITIERTE KARTÖFFELCHEN MIT SAFRAN-AIOLI

Aioli ist eine spanische Knoblauchmayonnaise, die es in ähnlicher Form auch in Frankreich gibt. Bei unserem Rezept sorgt der Safran für eine appetitliche Farbe und ein intensives Aroma.

1 Eigelb (Klasse 2)
½ TL Dijon-Senf
300 ml kaltgepreßtes Olivenöl
1–2 EL Zitronensaft
1 Knoblauchzehe, zerdrückt
½ TL Safranfäden
20 kleine neue Kartoffeln
Pflanzenöl zum Ausbacken
Salz und schwarzer Pfeffer aus der Mühle

4 PORTIONEN

[1] Für die Aioli das Eigelb in einer Schüssel mit dem Senf und einer Prise Salz verquirlen. Mit einem Holzlöffel verschlagen, dabei das Olivenöl zunächst tropfenweise zugeben; wenn die Aioli andickt, in einem dünnen Strahl Zitronensaft und Salz zugeben und pfeffern, dann den zerdrückten Knoblauch unterziehen.

[2] Den Safran in einem Schüsselchen mit 2 TL heißem Wasser übergießen, mit einem Löffelrücken Farbe und Aroma herausdrücken und 5 Minuten ziehen lassen. Den Safran mit Flüssigkeit unter die Aioli ziehen.

[3] Die Kartoffeln mit Schale in kochendes Salzwasser geben und 5 Minuten kochen, die Platte abschalten und im zugedeckten Topf 15 Minuten stehen lassen, dann abschütten und trockendämpfen.

[4] In einer Fritierpfanne 1 cm hoch Öl stark erhitzen und die Kartoffeln darin von allen Seiten goldgelb fritieren. Auf Küchenpapier abtropfen lassen und mit der Safran-Aioli servieren.

DATTELN MIT CHORIZO-FÜLLUNG

Eine delikate Kombination frischer Datteln und würziger spanischer Chorizo-Wurst.

50 g Chorizo-Wurst
12 frische Datteln, entsteint
6 Scheiben durchwachsener Speck
Öl zum Braten
Mehl zum Bestäuben
1 Ei, verquirlt
50 g frisches Paniermehl
Cocktailspieße zum Servieren

4–6 PORTIONEN

[1] Die Chorizo-Wurst aus der Haut ziehen. In drei 2 cm breite Scheiben schneiden, diese längs halbieren und vierteln, so daß sich 12 Stücke ergeben.

[2] Jede Dattel mit einem Stück Wurst füllen und wieder schließen. Den Speck flach ausbreiten und jede Scheibe quer halbieren. Jede Dattel in ein Stück Speck wickeln und mit einem Zahnstocher feststecken.

[3] In einer Fritierpfanne 1 cm hoch Öl erhitzen. Die Datteln in Mehl wenden, in das verquirlte Ei tauchen und in Paniermehl wälzen. In dem heißen Öl goldgelb fritieren. Mit einem Schaumlöffel aus dem Öl heben und auf Küchenpapier abtropfen lassen. Sofort servieren.

VORSPEISEN

SPINAT-EMPANADILLAS

Aus Blätterteig macht man in Spanien diese kleinen Taschen mit einer leckeren Füllung, die durch Pinienkerne und Rosinen ihren maurischen Ursprung verrät.

2 EL Rosinen
1½ EL Olivenöl
450 g frischer Spinat, gewaschen und gehackt
6 Sardellen, abgetropft und gehackt
2 Knoblauchzehen, fein gehackt
25 g Pinienkerne, gehackt
1 Ei, verquirlt
350 g Blätterteig
Salz und schwarzer Pfeffer aus der Mühle

ERGIBT 20 STÜCK

[1] Die Rosinen 10 Minuten lang in warmem Wasser ziehen lassen. Abgießen und grob hacken. Das Öl in einer Pfanne erhitzen, den Spinat zugeben und zugedeckt auf kleiner Flamme 2 Minuten dünsten. Deckel abnehmen, Temperatur erhöhen und die Flüssigkeit reduzieren. Sardellen, Knoblauch und Gewürze hinzufügen. Unter Rühren 1 Minute weiterbraten, Rosinen und Pinienkerne unterheben und abkühlen lassen.

[2] Den Backofen auf 180 °C vorheizen. Den Blätterteig auf 3 mm Dicke ausrollen.

[3] 20 Kreise von 7,5 cm Durchmesser ausstechen. In die Mitte jedes Kreises etwa 2 Teelöffel Füllung legen und die Kanten mit Wasser befeuchten. Die Teigstücke zusammenklappen und die Ansatzstellen fest zusammendrücken, zunächst mit den Fingern und dann mit einem Gabelrücken. Mit Ei einpinseln. Die Teigtaschen auf ein gefettetes Backblech legen und etwa 15 Minuten goldgelb backen. Warm servieren.

VORSPEISEN

Muscheln mit Knoblauch und Kräutern

Die Muscheln werden ohne Schale mit einer würzigen Paprikasauce serviert.
Man ißt sie mit Cocktailspießen.

900 g frische Miesmuscheln
1 Zitronenscheibe
6 EL Olivenöl
2 Schalotten, fein gehackt
1 Knoblauchzehe, fein gehackt
1 EL frische Petersilie, gehackt
½ TL edelsüßes Paprikapulver
¼ TL getrocknete Chiliflocken

4 Portionen

1. Die Muscheln bürsten und beschädigte Exemplare, die sich beim Beklopfen nicht öffnen, wegwerfen. Die Muscheln in einen großen Topf schütten, 250 ml Wasser und die Zitronenscheibe dazugeben. 3–4 Minuten sprudelnd kochen lassen, dann die offenen Muscheln herausnehmen. Die jetzt noch geschlossenen Muscheln wegwerfen! Die Muscheln auslösen und auf Küchenpapier abtropfen lassen.

2. Öl in einer Pfanne erhitzen und die Muscheln unter Rühren eine Minute braten. Aus der Pfanne nehmen. Schalotten und Knoblauch zugedeckt auf kleiner Flamme in rund 5 Minuten weichbraten. Vom Feuer nehmen und Petersilie, Paprika und Chili unterziehen, die Muscheln samt Flüssigkeit zugeben und wieder kurz erhitzen. Vom Feuer nehmen und 1–2 Minuten zugedeckt durchziehen lassen, dann sofort servieren.

VORSPEISEN

TAPAS MIT MANDELN, OLIVEN UND KÄSE

Drei schlichte Zutaten werden mit feinen Gewürzen zu delikaten spanischen Tapas, die sich ideal als Auftakt eines Menüs oder als Appetithappen zum Aperitif eignen.

FÜR DIE EINGELEGTEN OLIVEN
½ TL Korianderkörner
½ TL Fenchelsamen
1 TL frischer Rosmarin, gehackt
2 TL frische Petersilie, gehackt
2 Knoblauchzehen, zerdrückt
1 EL Sherryessig
2 EL Olivenöl
115 g schwarze Oliven
115 g grüne Oliven

FÜR DEN EINGELEGTEN KÄSE
150 g Ziegenkäse
6 EL Olivenöl
1 EL Weißweinessig
1 TL schwarze Pfefferkörner
1 Knoblauchzehe, in Scheiben
3 Zweige Estragon oder Thymian
Estragonzweige zum Garnieren

FÜR DIE SALZMANDELN
¼ TL Cayennepfeffer
2 EL grobes Meersalz
2 EL Butter
4 EL Olivenöl
200 g blanchierte Mandeln

6–8 PORTIONEN

1 Für die Oliven die Koriander- und Fenchelsamen im Mörser zerreiben. Rosmarin, Petersilie, Knoblauch, Essig und Öl zugeben und gut verrühren. Die Oliven mit der Marinade übergießen. Zugedeckt bis zu 1 Woche durchziehen lassen.

2 Den Käse mit Rinde in mundgerechte Stücke schneiden. Öl, Essig, Pfefferkörner, Knoblauch und Kräuter mischen und über den Käse gießen. In einer kleinen Schüssel zugedeckt bis zu 3 Tage marinieren.

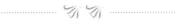

SO GEHT'S BESSER
Wenn Sie die Tapas zum Aperitif reichen, stellen Sie Zahnstocher zum Aufspießen der Käsestücke und Oliven dazu.

3 Für die Salzmandeln in einer Schüssel Cayennepfeffer und Salz vermischen. Die Butter zusammen mit dem Olivenöl in einer Pfanne erhitzen und die Mandeln darin etwa 5 Minuten rösten, bis sie goldgelb sind.

4 Die Mandeln aus der Pfanne direkt in die Salz-Cayenne-Mischung geben und darin wenden. Abkühlen lassen. In einem luftdicht verschlossenen Behälter oder Glas können sie bis zu 1 Woche aufbewahrt werden.

5 Zum Servieren die drei Tapas in Schälchen anrichten und den Käse mit Estragon garnieren. Die Mandeln ggf. mit etwas grobem Meersalz bestreuen.

VORSPEISEN

Eingelegte Paprika

In vielen Supermärkten bekommt man heute schon in Olivenöl eingelegte Paprika im Glas. Sie sind allerdings nichts im Vergleich zu dieser frisch zubereiteten Version, die zusammen mit italienischer Salami und Parmaschinken ausgezeichnet als Vorspeise schmeckt.

3 rote Paprikaschoten
2 gelbe Paprikaschoten
2 grüne Paprikaschoten
50 g getrocknete Tomaten in Öl, abgetropft
1 Knoblauchzehe
2 EL Balsamessig
5 EL Olivenöl
Einige Tropfen Chilisauce
4 Artischockenherzen (Konserve), abgetropft, in Scheiben geschnitten
Salz und schwarzer Pfeffer
Basilikumblätter zum Garnieren

6 Portionen

1   Den Backofen auf 200 °C vorheizen. Ein Backblech mit Alufolie auskleiden und diese leicht einfetten. Die ganzen Paprikaschoten auf dem Blech 45 Minuten backen, bis sie schwarz werden. Mit einem feuchten Geschirrtuch abdecken und 5 Minuten abkühlen lassen.

2   Die getrockneten Tomaten in feine Streifen schneiden, ebenso den Knoblauch. Beides beiseite stellen.

3   Essig, Öl und einige Tropfen Chilisauce verrühren und mit Salz und Pfeffer würzen. Die Paprika häuten und in Streifen schneiden.

4   Die Paprika mit Artischocken, Tomaten und dem Knoblauch vermengen. Sauce darüber gießen und mit Basilikumblättern bestreuen.

VORSPEISEN

FONDUTA

Fontina ist ein italienischer Käse mit würzig-salzigem Aroma. Er erinnert an Schweizer Gruyère, der ersatzweise gut verwendet werden kann. Man serviert den köstlichen Käsedip einfach mit warmem Ciabatta- oder Focaccia-Brot und reicht dazu einen Blattsalat und einen kräftigen Rotwein.

250 g Fontina, gewürfelt
250 ml Milch
1 EL Butter
2 Eier, verquirlt
Schwarzer Pfeffer aus der Mühle

4 PORTIONEN

1 Den Käse in einer Schüssel mit der Milch übergießen und 2–3 Stunden ziehen lassen. In einen Topf schütten und diesen in ein heißes Wasserbad stellen.

2 Butter und Eier zugeben und sachte erhitzen, dabei rühren, bis der Käse geschmolzen ist und die Sauce eine glatte Konsistenz hat.

3 Vom Feuer nehmen und mit Pfeffer würzen. In eine Schüssel füllen und sofort servieren.

SO GEHT'S BESSER
Lassen Sie die Sauce nicht zu heiß werden, sonst gerinnen die Eier.

VORSPEISEN

KNOBLAUCH-CREVETTEN

Für dieses einfache Tapas-Rezept benötigen Sie absolut frische rohe Crevetten, die erst unmittelbar vor dem Servieren mit Knoblauch und Chilischoten in die Pfanne wandern und sehr heiß serviert werden.

350–450 g große rohe Crevetten
2 rote Chilischoten
5 EL Olivenöl
3 Knoblauchzehen, zerdrückt
Salz und schwarzer Pfeffer aus der Mühle

4 PORTIONEN

1 Köpfe und Schalen der Crevetten entfernen, dabei aufpassen, daß die Schwänze heil bleiben.

2 Die Chilis längs halbieren und die Samen auslösen. Das Öl in einer Pfanne erhitzen, in der auch serviert werden kann. (Oder eine vorgewärmte Servierschüssel bereithalten.)

3 Crevetten, Chilis und Knoblauch in die Pfanne geben und bei großer Hitze etwa 3 Minuten unter Rühren braten, bis die Crevetten rosarot sind. Leicht mit Salz und Pfeffer würzen und sofort servieren.

CHORIZO IN OLIVENÖL

Spanische Chorizo-Wurst ist angenehm scharf, und seine von Knoblauch, Chili und Paprika geprägte Würze setzt in Schmortöpfen feurige Akzente. Einfach mit Zwiebeln in Olivenöl gebraten ist Chorizo-Wurst eine höchst appetitanregende Vorspeise.

5 EL kaltgepreßtes Olivenöl
350 g Chorizo-Wurst in Scheiben
1 große Zwiebel, in Ringe geschnitten
Glattblättrige Petersilie, grob gehackt, zum Garnieren

4 PORTIONEN

VARIANTE
Chorizo bekommt man in gut sortierten Supermärkten und Feinkostgeschäften. Man kann aber auch eine andere gut gewürzte Wurst nehmen.

1 Öl in einer Pfanne erhitzen und die Chorizo-Stücke bei großer Hitze braten, bis sie braun werden. Mit dem Schaumlöffel herausnehmen.

2 Die Zwiebeln in die Pfanne geben und bräunen, dann die Wurststücke wieder dazugeben und 1 Minute erwärmen.

3 Alles in eine Schüssel füllen und mit Petersilie bestreuen. Mit warmem Brot servieren.

VORSPEISEN

CROSTINI

Italienische Crostini sind geröstete Brotscheiben mit diversen Aufstrichen und Belägen. Wir stellen Ihnen hier zwei Rezepte — mit Geflügelleber und Crevettenbutter — vor.

FÜR DIE GEFLÜGELLEBER
*150 g Butter
1 kleine Zwiebel, fein gehackt
1 Knoblauchzehe, zerdrückt
225 g Hähnchenleber
4 Salbeiblätter, gehackt*

FÜR DIE CREVETTENBUTTER
*225 g gekochte, geschälte Crevetten
2 Sardellen, abgetropft (Konserve)
115 g Butter, Zimmertemperatur
1 EL Zitronensaft
1 EL frische Petersilie, gehackt
Salz und schwarzer Pfeffer aus der Mühle*

FÜR DIE CROSTINI
*12 Scheiben knuspriges italienisches Brot, ersatzweise Landbrot, in 1 cm dicke Scheiben geschnitten
75 g zerlassene Butter*

ZUM GARNIEREN
*Salbeiblätter
Glattblättrige Petersilie*

6 PORTIONEN

[1] Für die Geflügelleber die Hälfte der Butter in einer Pfanne zerlassen, Zwiebel und Knoblauch darin auf kleiner Flamme weichbraten. Die Hähnchenlebern und Salbei zugeben und rund 8 Minuten braten, bis die Lebern braun und fest sind. Salzen und pfeffern und im Mixer zusammen mit der restlichen Butter pürieren.

[2] Für die Crevettenbutter die Crevetten und Sardellen fein hacken. In einer Schüssel mit der Butter gründlich verkneten. Zitronensaft und Petersilie hinzufügen, salzen und pfeffern. Den Backofen auf 200 °C vorheizen. Die Brotscheiben auf ein Backblech legen und mit der zerlassenen Butter einpinseln.

[3] 8–10 Minuten backen, bis die Crostini goldgelb sind. Die eine Hälfte noch heiß mit der Geflügelleber bestreichen und mit Salbei dekorieren, die andere mit Crevettenbutter und mit Petersilie garnieren. Sofort servieren.

SO GEHT'S BESSER
Sowohl die Geflügelleber als auch die Crevettenbutter kann man im voraus zubereiten und gut verschlossen im Kühlschrank aufbewahren. Sie sollten jedoch innerhalb von zwei Tagen verbraucht werden.

VORSPEISEN

MARINIERTE MINI-AUBERGINEN MIT ROSINEN UND PINIENKERNEN

Auberginen sind rund ums Mittelmeer ein sehr beliebtes Gemüse. Dieses Rezept verrät italienische Einflüsse. Bereiten Sie die Auberginen einen Tag im voraus zu und lassen Sie sie durchziehen, damit sich das süßlich-würzige Aroma voll entfalten kann.

12 Mini-Auberginen, längs halbiert
250 ml kaltgepreßtes Olivenöl
Saft von 1 Zitrone
2 EL Balsamessig
3 Nelken
25 g Rosinen
25 g Pinienkerne
1 EL Zucker
1 Lorbeerblatt
Eine großzügige Prise getrocknete Chiliflocken
Salz und schwarzer Pfeffer aus der Mühle

4 PORTIONEN

1. Grill auf höchster Stufe vorheizen. Auberginen mit der Schnittfläche nach oben in die Grillpfanne legen und mit Olivenöl einpinseln. 10 Minuten grillen, bis sie anfangen, schwarz zu werden. Nach der Hälfte der Zeit einmal wenden.

2. Für die Marinade das restliche Olivenöl in einem Krug mit Zitronensaft, Essig, Nelken, Rosinen, Pinienkernen, Zucker und Lorbeer vermengen. Die Chiliflocken zugeben und mit Salz und Pfeffer verrühren.

3. Die heißen Auberginen in eine Keramik- oder Glasschüssel füllen und mit der Marinade übergießen. Abkühlen lassen, dabei die Auberginen ein- bis zweimal wenden. Gut gekühlt servieren.

VORSPEISEN

JOGHURTBÄLLCHEN IN OLIVENÖL

Im östlichen Mittelmeerraum macht man viel Käse aus Schafsmilch. In Griechenland hängt man Schafsjoghurt in Seihtüchern auf, bis die Molke abgetropft ist, und formt die Masse dann zu weichen Käsekugeln. In unserem Rezept werden sie mit Chilischoten und Kräutern in Olivenöl eingelegt.

750 g griechischer Schafsjoghurt
½ TL Salz
2 TL Chiliflocken oder 2–3 getrocknete Chilischoten, gehackt
1 EL frischer Rosmarin, gehackt
1 EL frischer Thymian oder Oregano, gehackt
Rund 300 ml Olivenöl, vorzugsweise mit Knoblaucharoma

ERGIBT ZWEI GLÄSER ZU JE 450 G

1. Ein 30 x 30 cm großes Seihtuch aus Musselin mit kochendem Wasser sterilisieren. Abtropfen lassen und auf einen Teller legen. Joghurt mit Salz verrühren und auf das Tuch schütten. Einschlagen und mit einer Schnur fest zusammenbinden.

2. Den Beutel aufhängen und eine Schüssel darunter stellen, in der die Molke aufgefangen wird. 2–3 Tage lang hängen lassen, bis der Joghurt nicht mehr tropft.

3. Zwei Marmeladengläser sterilisieren. Das geschieht am einfachsten, indem man sie 15 Minuten lang in den auf 150 °C vorgeheizten Backofen stellt.

4. Chili und Kräuter vermengen. Vom Frischkäse jeweils einen Teelöffel abstechen und zu Kugeln formen. In die Gläser legen, jede Schicht mit den Kräutern bestreuen.

VORSPEISEN

[5] Das Öl über den Käse gießen, bis alle Kugeln bedeckt sind. Im Kühlschrank sind die Bällchen bis zu 3 Wochen haltbar.

[6] Zum Servieren die Käsekugeln mit einem Löffel aus dem Glas heben und etwas von dem aromatischen Öl darüber träufeln. Auf getoastetes Weißbrot streichen.

SO GEHT'S BESSER
Ist Ihre Küche sehr warm, suchen Sie sich einen kühlen Ort, wo Sie die Käsemasse zum Abtropfen aufhängen können: notfalls sogar im Kühlschrank an einem Bodenrost.

VORSPEISEN

TAPENADE UND KRÄUTER-AIOLI MIT SOMMERGEMÜSE

Eine schöne Gemüseplatte mit ein oder zwei leckeren Saucen bildet einen appetitanregenden Auftakt für ein Menü. Die farbenfrohe französische Vorspeise ist ideal für ein Essen mit Gästen, da man sie gut vorbereiten kann.

FÜR DIE TAPENADE
175 g schwarze Oliven, entsteint
50 g Sardellenfilets, abgetropft
2 EL Kapern
120 ml Olivenöl
Fein abgeriebene Schale von 1 Zitrone
Ggf. 1 EL Weinbrand
Schwarzer Pfeffer aus der Mühle

FÜR DIE KRÄUTER-AIOLI
2 Eigelb
1 TL Dijon-Senf
2 TL Weißweinessig
250 ml helles Olivenöl
3 EL gemischte Kräuter, gehackt, z. B. Kerbel, Petersilie und Estragon
2 EL Brunnenkresse, gehackt
5 Knoblauchzehen, zerdrückt
Salz und schwarzer Pfeffer aus der Mühle

ZUM ANRICHTEN
2 rote Paprikaschoten, entkernt und in breite Streifen geschnitten
2 EL Olivenöl
225 g neue Kartoffeln
115 g grüne Bohnen
225 g junge Möhren
225 g junger Spargel
Ggf. 12 Wachteleier
Frische Kräuter zum Garnieren
Grobes Salz zum Bestreuen

6 PORTIONEN

1. Für die Tapenade die Oliven, Sardellen und Kapern fein hacken und mit Öl, Zitronenschale und ggf. Weinbrand vermengen. (Man kann die Zutaten auch kurz im Mixer hacken, dabei die Masse immer wieder von den Seiten der Schüssel abschaben.)

2. Mit Pfeffer würzen und etwas mehr Öl angießen, falls die Masse sehr trocken sein sollte. In eine Servierschüssel füllen.

3. Für die Aioli Eigelb, Senf und Essig verquirlen. Das Öl im feinen Strahl zugeben, dabei kräftig weiterrühren, bis die Sauce dick und glatt ist. Mit Salz und Pfeffer abschmecken, ggf. etwas mehr Essig zugeben, falls die Aioli zu laff ist.

4. Kräutermischung, Brunnenkresse und Knoblauch unterziehen und in eine Servierschüssel füllen. Zugedeckt im Kühlschrank aufbewahren.

5. Paprikastreifen auf ein mit Alufolie belegtes Backblech legen und mit Öl bepinseln. Bei großer Hitze grillen, bis die Haut schwarz wird. Abkühlen lassen und häuten.

6. Die Kartoffeln in Salzwasser bißfest kochen. Bohnen und Möhren 1 Minute mitkochen, den Spargel die letzten 30 Sekunden. Abschütten und abtropfen lassen.

7. Die Wachteleier 2 Minuten in Wasser kochen. Abschütten und die Schalen zur Hälfte ablösen.

8. Alle Gemüse, die Eier und die Saucen auf einer Platte anrichten, mit frischen Kräutern servieren, dazu grobes Meersalz reichen.

SO GEHT'S BESSER
Verwahren Sie Saucenreste für Salatdressings. Die Tapenade schmeckt übrigens auch wunderbar zu Nudeln oder auf warmem Toast.

VORSPEISEN

Terrine von gegrilltem Gemüse

Eine farbenprächtige Schichtterrine mit vielen typisch mediterranen Gemüsesorten.

---

2 rote Paprikaschoten, geviertelt
2 gelbe Paprikaschoten, geviertelt
1 große Aubergine, längs in
Scheiben geschnitten
2 Zucchini, längs in
Scheiben geschnitten
6 EL Olivenöl
1 rote Zwiebel, in feinen Ringen
75 g Rosinen
1 EL Tomatenmark
1 EL Rotweinessig
400 ml Tomatensaft
2 EL Gelatinepulver
Frische Basilikumblätter

FÜR DAS DRESSING
6 EL kaltgepreßtes Olivenöl
2 EL Rotweinessig
Salz und schwarzer Pfeffer

6 PORTIONEN

---

[1] Die Paprikaschoten mit der Hautseite nach oben unter den vorgeheizten Grill legen, bis die Haut schwarz wird. Zugedeckt abkühlen lassen, dann häuten.

[2] Die Auberginen- und Zucchinischeiben separat auf Backbleche legen und mit Öl einpinseln. Grillen, bis sie bißfest und goldgelb sind, dabei gelegentlich wenden.

[3] Restliches Olivenöl in einer Pfanne erhitzen und darin Zwiebelringe, Rosinen, Tomatenmark und Rotweinessig andünsten. Zu sirupartiger Konsistenz einkochen und abkühlen lassen.

[4] Eine Form von 1,75 l mit Klarsichtfolie auskleiden (die Form vorher dünn mit Öl einpinseln), die Folie ein Stück überstehen lassen.

[5] Die Hälfte des Tomatensafts in einen Topf füllen und mit dem Gelatinepulver bestreuen. Auf kleiner Flamme unter Rühren auflösen.

[6] Auf den Boden der Form eine Schicht rote Paprika legen und mit dem Tomatensaft aus dem Topf knapp bedecken. Die Auberginen, Zucchini, gelbe Paprika und Zwiebelmasse schichtweise darauf legen und jeweils mit dem Tomatensaft begießen. Als letzte Schicht wieder rote Paprika auflegen.

[7] Den restlichen Tomatensaft mit dem im Topf vermischen und über die Terrine gießen. Die Form etwas schütteln, damit sich der Saft verteilt. Die Terrine abdecken und im Kühlschrank fest werden lassen.

[8] Für die Vinaigrette Öl und Essig verrühren und würzen. Die Terrine stürzen und die Klarsichtfolie abziehen. In dicke Scheiben schneiden und mit Vinaigrette beträufeln. Mit Basilikumblättchen bestreut servieren.

VORSPEISEN

Suppen

Die Palette der traditionellen mediterranen Suppen reicht von gehaltvollen winterlichen Eintöpfen bis zu eiskalt servierten, erfrischenden Sommersuppen.

SUPPEN

LINKS: *In Marokko wird es nachts oft bitterkalt. Dann ist eine Schale mit heißer, würziger Suppe stets willkommen.*

UNTEN: *Im Herbst, wenn die Mandelbäume auf Mallorca voller Früchte hängen, spannen die Bauern Netze auf dem Boden aus und schlagen die Mandeln mit langen Stangen herunter. Als Belohnung für die schwere Arbeit erwartet sie eine aromatische Suppe.*

Suppen waren und sind für die Mittelmeerküche von großer Bedeutung. Früher, als viele dieser Länder sehr arm waren, sättigte eine Suppe viele hungrige Mäuler. Vor allem in den kalten Wintern kochte man rustikale Gerichte mit Bohnen, Linsen und anderen Hülsenfrüchten und aß reichlich Brot zu den sättigenden, nahrhaften Eintöpfen. Je nach Jahreszeit kamen frische Gemüse dazu, manchmal auch Eier. Viele dieser Rezepte sind deshalb ausgesprochen schlicht, und manche von ihnen werden seit alten Zeiten von Generation zu Generation weitergereicht. Auch heute wird gern auf die überlieferte Kochkunst zurückgegriffen, zumal sich die ›bäuerliche Küche‹ wieder großer Beliebtheit erfreut. Es gibt unkomplizierte Rezepte, deren Gelingen allein von der Qualität der Zutaten abhängt, so zum Beispiel Knoblauchsuppe, die in vielen Varianten auf spanischem und französischem Boden zu finden ist. Die einfachste Version besteht aus nichts weiter als Knoblauch, Wasser und Gewürzen, wird jedoch durch das unvergleichliche Aroma des guten Knoblauchs in eine delikate klare Brühe verwandelt. Die Zubereitungsart läßt sich auf viele Gemüsesorten anwenden, wobei Wasser oft durch Fleischbrühe ersetzt und das Ganze durch ein Sieb passiert und zu einer glatten Suppe verarbeitet wird.

Zu den Gemüsen, die für Suppen verwendet werden, gehören unter anderem Kürbisse, Topinambur, Tomaten, Paprika, Spargel und Spinat. Suppen mit Fleischeinlage sind meist deftig mit Hülsenfrüchten wie Linsen und Kichererbsen oder mit Kartoffeln, Reis oder Nudeln angereichert. Im Orient kocht man sie mit Rindfleisch und Lamm und aromatisiert sie mit vielen Gewürzen. Es gibt spezielle Fastensuppen, die man im Monat Ramadan abends nach Sonnenuntergang ißt. Die typisch mediterrane

SUPPEN

OBEN: *Sonnenaufgang auf Korfu. Ein Fischer macht das Boot bereit zum Auslaufen.*

Suppe besteht jedoch aus Gemüsen, Hülsenfrüchten und natürlich Fischen und Schaltieren. Fischsuppen gibt es in zahlreichen schmackhaften Varianten. Die weithin berühmte, oft jedoch miserabel imitierte *bouillabaisse* aus der Hafenstadt Marseille ist eine Art Ragout aus verschiedenen Fischen und Meeresfrüchten, die in den Küstengewässern Südfrankreichs heimisch sind. Gelegentlich serviert man Fische und Brühe separat, stets jedoch Brot oder geröstete Baguettescheiben dazu.

Jedes Land und jede Küstenregion hat ihre eigene Spezialität, und oft finden sich zahlreiche Spielarten eines Rezepts, je nachdem, was die Fischer gerade nach Hause bringen. Viele Rezepte wurden von den Fischern selbst erfunden: Fische, die aufgrund ihres geringen Werts nicht auf dem Markt verkauft werden konnten, bereiteten sie für sich selbst zu. Angesichts des reichhaltigen Angebots in Supermärkten und Fischgeschäften kann man viele der leckeren Gerichte problemlos zu Hause nachkochen.

Eisgekühlte Suppen kennt man vor allem aus Südspanien, insbesondere *gazpacho*, eine erfrischende Mischung aus pürierten rohen Tomaten, Paprikaschoten und Gurken, die sich als Mittagessen an einem heißen Sommertag anbietet. Auch hier gibt es viele Abwandlungen des klassischen Rezepts, gelegentlich mit ›exotischen‹ Zutaten wie Mandeln und Trauben. Kalte Suppen sind auch im Nahen Osten beliebt, dort jedoch meist aus Joghurt, der mit Gurke, Knoblauch und Minze aromatisiert wird.

Wer als Tourist ans Mittelmeer reist, hat meist nur Gelegenheit, einige wenige der vielen Suppen zu probieren, doch lohnt es sich fast immer, nach der Tagessuppe oder nach dem Namen einer Köstlichkeit zu fragen, die gerade am Nebentisch serviert wird. Ein weiterer Pluspunkt ist, daß sich mediterrane Suppen nach Lust und Laune abwandeln und mit dem zubereiten lassen, was der Markt gerade an frischen Köstlichkeiten bietet.

SUPPEN

BOUILLABAISSE

Die südfranzösische Fischsuppe ist wohl die bekannteste des Mittelmeerraums. Nach dem ursprünglich aus Marseille stammenden Rezept bereitet man eine bunte Mischung aus Fischen und Meeresfrüchten zusammen mit Tomaten, Safran und Orangenschale zu.

1,5 kg gemischter Fisch und rohe
Schaltiere, beispielsweise Rotbarbe,
Heringskönig, Seeteufel, Schnapper,
Merlan, Crevetten und Herzmuscheln
225 g aromatische Tomaten
Eine Prise Safranfäden
6 EL Olivenöl
1 Zwiebel, in Ringe geschnitten
1 Stange Porree, in Ringe geschnitten
1 Stange Staudensellerie, in Stücken
2 Knoblauchzehen, zerdrückt
1 Bouquet garni
1 Streifen abgeschälte Orangenschale
½ TL Fenchelsamen
Salz und schwarzer Pfeffer
1 EL Tomatenmark
2 TL Pernod
4–6 dicke Scheiben Baguette
3 EL frische Petersilie, gehackt

4–6 PORTIONEN

[2] Den Fisch in große Stücke schneiden, die Meeresfrüchte in den Schalen belassen. Die Tomaten überbrühen, abschrecken, häuten und grob hacken. Den Safran in 1–2 EL heißem Wasser ziehen lassen.

[3] Das Öl in einem großen Topf erhitzen und darin Zwiebel, Porree und Sellerie weich dünsten. Knoblauch, Bouquet garni, Orangenschale, Fenchelsamen und Tomaten zugeben und den Safran samt Flüssigkeit sowie die Fischbrühe angießen. Mit Salz und Pfeffer würzen, aufkochen und 30–40 Minuten köcheln.

[4] Die Schaltiere zugeben und rund 6 Minuten mitkochen. Den Fisch hinzufügen und weitere 6–8 Minuten kochen, bis er gar ist.

[5] Mit einem Schaumlöffel den Fisch in eine vorgewärmte Schüssel füllen. Die Brühe weiter kochen, damit das Öl sich gut damit vermischt. Tomatenmark und Pernod zugeben und abschmecken. Zum Servieren in jeden Teller eine Scheibe Baguette legen und die Brühe darüber gießen. Den Fisch mit Petersilie bestreut separat dazu reichen.

[1] Köpfe, Schwänze und Seitenflossen der Fische abschneiden und in einen großen Topf geben. 1,2 l Wasser angießen und aufkochen. 15 Minuten köcheln lassen und die Brühe durchseihen.

SUPPEN

GEEISTE MANDELSUPPE

Mit einer Küchenmaschine oder einem Mixer ist diese spanische Suppe im Nu zubereitet: eine leichte und erfrischende Mahlzeit für einen heißen Sommertag.

115 g frisches Weißbrot
115 g blanchierte Mandeln
2 Knoblauchzehen, in Scheiben
5 EL Olivenöl
1½ EL Sherryessig
Salz und schwarzer Pfeffer
Geröstete Mandelblättchen sowie kernlose grüne und blaue Weintrauben, halbiert und gehäutet, zum Garnieren

6 PORTIONEN

[1] Das Brot in eine Schüssel krümeln. Mit 150 ml kaltem Wasser übergießen. 5 Minuten ziehen lassen.

[2] Die Mandeln mit dem Knoblauch im Mixer oder in der Küchenmaschine fein zerkleinern. Zum eingeweichten Brot geben.

[3] Nach und nach das Öl in die Mandelmasse rühren, bis eine glatte Paste entsteht. Den Sherryessig zugeben, dann 600 ml kaltes Wasser angießen und im Mixer glattrühren.

[4] In eine Schüssel füllen und mit Salz und Pfeffer abschmecken. Ggf. noch etwas Wasser hinzugeben, falls die Suppe zu dick sein sollte. Mindestens 2–3 Stunden kalt stellen.

[5] Die Suppe in Suppenteller füllen und mit gerösteten Mandelblättchen und gehäuteten Weintrauben garniert servieren.

SUPPEN

GAZPACHO

Von dieser pikanten kalten Suppe aus Südspanien gibt es zahllose Varianten. Grundzutaten sind stets pürierte Tomaten, Paprika, Gurken und Knoblauch. Ein ideales Essen für besonders heiße Tage.

900 g reife Tomaten
1 Schlangengurke
2 rote Paprika, entkernt und gehackt
2 Knoblauchzehen, zerdrückt
175 g frische Weißbrotkrumen
2 EL Weißweinessig
2 EL Tomatenmark
5 EL Olivenöl
Salz und schwarzer Pfeffer

FÜR DIE GARNITUR
1 Scheibe Weißbrot, ohne Rinde in Würfel geschnitten
2 EL Olivenöl
6–12 Eiswürfel
Kleine Schüssel mit gemischten gehackten Beilagen wie Tomaten, Gurken, roten Zwiebeln, hartgekochten Eiern und glattblättriger Petersilie oder Estragon

6 PORTIONEN

SO GEHT'S BESSER
Das Tomatenmark intensiviert das Aroma frischer Tomaten. Bei sehr aromatischen Exemplaren können Sie auf das Mark ruhig verzichten.

1 Die Tomaten 30 Sekunden in kochendes Wasser legen, kalt abschrecken, häuten und vierteln. Die Gurke schälen und grob hacken. Tomaten und Gurke in einer Schüssel mit Paprika, Knoblauch, Brotkrumen, Essig, Tomatenmark und Olivenöl vermengen und mit Salz und Pfeffer würzen.

2 Die Hälfte der Mischung im Mixer möglichst glatt pürieren, mit der zweiten Hälfte ebenso verfahren.

3 Abschmecken und ggf. etwas kaltes Wasser zugeben. Mehrere Stunden kalt stellen.

4 Das Brot in 2 EL Öl goldgelb braten. Die Suppe in Suppentassen füllen und 1–2 Eiswürfel in jede Portion geben. Mit den Croûtons und den Gemüsewürfeln servieren.

SUPPEN

WÜRZIGE MUSCHELSUPPE

Diese deftige, farbenfrohe Fischsuppe aus der Türkei verdankt ihre Würze Harissa, einer scharfen nordafrikanischen Sauce.

1,5 kg frische Miesmuscheln
150 ml Weißwein
3 Tomaten
2 EL Olivenöl
1 Zwiebel, fein gehackt
2 Knoblauchzehen, zerdrückt
2 Stangen Staudensellerie, in Scheiben
1 Bund Lauchzwiebeln, in Scheiben
1 Kartoffel, in Würfel geschnitten
1½ TL Harissa-Sauce
3 EL frische Petersilie, gehackt
Salz und schwarzer Pfeffer
Ggf. dicken Joghurt dazu

6 PORTIONEN

1 Die Muscheln bürsten. Beschädigte oder offene Exemplare, die sich beim Beklopfen nicht schließen, wegwerfen.

2 Den Wein in einem großen Topf zum Kochen bringen. Die Muscheln hineinschütten und zugedeckt 4–5 Minuten kochen, bis die Muscheln weit geöffnet sind. Exemplare, die jetzt noch geschlossen sind, wegwerfen. Die Flüssigkeit durchseihen. Ein paar Muscheln in der Schale lassen, den Rest auslösen.

3 Die Tomaten schälen und würfeln. Das Öl erhitzen und darin Zwiebeln, Knoblauch, Sellerie und Lauchzwiebeln 5 Minuten dünsten.

4 Ausgelöste Muscheln, Brühe, Kartoffeln, Harissa und Tomaten dazugeben. Bis kurz unter dem Siedepunkt erhitzen, dann die Hitze reduzieren. Zugedeckt 25 Minuten ziehen lassen, bis die Kartoffeln zerfallen.

5 Petersilie und Pfeffer zufügen. Die verbliebenen Muscheln in die Suppe legen. 1 Minute erhitzen, Evtl. mit Joghurt garniert servieren.

GRÜNE LINSENSUPPE

Linsensuppen gehören überall im östlichen Mittelmeerraum zu den klassischen Speisen, werden aber immer etwas anders gewürzt. Rote Linsen eignen sich ebenso gut für dieses Rezept wie grüne.

225 g grüne Linsen
5 EL Olivenöl
3 Zwiebeln
2 Knoblauchzehen, in feine Scheiben geschnitten
2 TL Kreuzkümmelsamen, zerdrückt
¼ TL Kurkuma, gemahlen
600 ml Hühner- oder Gemüsebrühe
Salz und schwarzer Pfeffer aus der Mühle
2 EL frischer Koriander, grob gehackt, zum Garnieren

4–6 PORTIONEN

1 Die Linsen in einen Topf geben und mit Wasser bedeckt zum Kochen bringen. 10 Minuten lang sprudelnd kochen, dann abschütten.

2 2 EL Öl erhitzen und darin zwei gehackte Zwiebeln mit Knoblauch, Kreuzkümmel und Kurkuma 3 Minuten unter Rühren braten. Die Linsen zugeben und mit der Brühe aufkochen. Bei mäßiger Hitze zugedeckt 30 Minuten köcheln lassen.

3 Die dritte Zwiebel in Ringe schneiden und in 3 EL Öl goldgelb rösten.

4 Mit einem Kartoffelstampfer die Linsen etwas zerdrücken, damit die Suppe sämig wird. Sachte wieder erwärmen und mit Salz und Pfeffer abschmecken. In Suppentassen füllen und mit Korianderblättern und den Zwiebelringen bestreut servieren. Dazu ofenwarmes Brot reichen.

SUPPEN

MAROKKANISCHE HARIRA

Dieser herzhafte Lamm-Gemüseeintopf wird während des Fastenmonats Ramadan abends nach Sonnenuntergang gegessen.

450 g aromatische Tomaten
225 g Lammfleisch, in 1 cm große Würfel geschnitten
½ TL Kurkuma, gemahlen
½ TL Zimt, gemahlen
2 EL Butter
4 EL frischer Koriander, gehackt
2 EL frische Petersilie, gehackt
1 Zwiebel, gehackt
50 g rote Linsen
75 g getrocknete Kichererbsen, über Nacht eingeweicht
4 kleine Schalotten, geschält
25 g Fadennudeln
Salz und schwarzer Pfeffer aus der Mühle
Frischer Koriander, gehackt
Zitronenscheiben und gemahlener Zimt zum Garnieren

4 PORTIONEN

[1] Die Tomaten 30 Sekunden in kochendes Wasser legen, kalt abschrecken und häuten. In Viertel schneiden und die Kerne herauslösen. Grob hacken.

[2] Lammfleisch, Kurkuma, Zimt, Butter, Koriander, Petersilie und Zwiebel in einem großen Topf unter ständigem Rühren 5 Minuten bei mittlerer Temperatur dünsten. Die gehackten Tomaten hinzugeben und weitere 10 Minuten garen.

[3] Die Linsen mit Wasser abspülen und mit den abgetropften Kichererbsen dazugeben. 600 ml Wasser angießen, mit Salz und Pfeffer abschmecken und aufkochen. Zugedeckt 1½ Stunden köcheln lassen.

[4] Schalotten zugeben. Weitere 30 Minuten kochen. 5 Minuten vor Ende der Kochzeit die Nudeln zufügen. Mit Korianderblättern, Zitronen und Zimt garniert servieren.

SUPPEN

RIBOLLITA

Die toskanische Ribollita ist ein Gemüseeintopf mit weißen Bohnen. In Italien schöpft man die Suppe über Brot und grünes Blattgemüse. Soll die Suppe weniger gehaltvoll sein, läßt man beides weg.

3 EL Olivenöl
2 Zwiebeln, gehackt
2 Möhren, in Scheiben geschnitten
4 Knoblauchzehen, zerdrückt
2 Stangen Staudensellerie, in Scheiben
1 Fenchelknolle, geputzt und gehackt
2 große Zucchini, in dünnen Scheiben
400-g-Dose gehackte Tomaten
2 EL hausgemachter oder fertig gekaufter Pesto
900 ml Gemüsebrühe
400-g-Dose Borlotti-Bohnen oder weiße Bohnenkerne, abgetropft
Salz und schwarzer Pfeffer

GARNITUR
450 g frischer junger Spinat
1 EL kaltgepreßtes Olivenöl plus etwas Öl zum Beträufeln
6–8 Scheiben Weißbrot
Gehobelter Parmesan

6–8 PORTIONEN

VARIANTE
Anstelle von Spinat kann man auch Karden oder Kohl verwenden; beides wird gehackt und bißfest gekocht.

1. In einem großen Topf Zwiebeln, Möhren, Knoblauch, Sellerie und Fenchel 10 Minuten in dem Öl dünsten. Zucchini zugeben und weitere 2 Minuten garen.

2. Die gehackten Tomaten, Pesto, Brühe und Bohnen zugeben und aufkochen. Die Temperatur reduzieren und zugedeckt 25–30 Minuten leicht köcheln lassen, bis die Gemüse sehr weich sind. Mit Salz und Pfeffer abschmecken.

3. Den Spinat 2 Minuten in Öl anbraten und zusammenfallen lassen. In die Suppenteller zunächst eine Scheibe Brot, darauf den Spinat und dann die Suppe geben. Mit etwas Olivenöl beträufeln und mit Parmesan bestreut servieren.

SUPPEN

FISCHSUPPE MIT ROUILLE

Diese überaus gehaltvolle Fischsuppe aus Frankreich wird mit Safran und Kräutern gewürzt. Dazu reicht man Rouille, eine feurig-scharfe Paste, die sich jeder nach Geschmack in seine Suppe rührt.

3 Knurrhähne oder Rotbarben, geschuppt und ausgenommen
12 große Crevetten
675 g Weißfisch, z. B. Kabeljau, Schellfisch, Heilbutt oder Seeteufel
225 g frische Miesmuscheln
1 Zwiebel, geviertelt
1 TL Safranfäden
5 EL Olivenöl
1 Fenchelknolle, grob gehackt
4 Knoblauchzehen, zerdrückt
3 Streifen abgeschälte Orangenschale
4 Zweige Thymian
675 g Tomaten oder eine 400-g-Dose gehackte Tomaten
2 EL Tomatenmark
3 Lorbeerblätter
Salz und schwarzer Pfeffer aus der Mühle

FÜR DIE ROUILLE
1 rote Paprikaschote, grob gehackt
1 rote Chilischote, entkernt und in feine Ringe geschnitten
2 Knoblauchzehen, gehackt
5 EL Olivenöl
15 g frische Brotkrumen

6 PORTIONEN

2 Die Knurrhähne bzw. Rotbarben filetieren. Dazu das Fleisch beidseitig von der Mittelgräte schneiden. Kopf und Gräten verwahren, die Filets in Stücke schneiden. Die Hälfte der Crevetten auslösen und die Schalen für die Brühe verwahren. Den Weißfisch häuten, parieren und in große Stücke schneiden. Die Muscheln gründlich bürsten und beschädigte oder offene Exemplare, die sich beim Beklopfen nicht schließen, wegwerfen.

3 Die Fischreste und Crevettenschalen mit der Zwiebel in einen Topf geben und 1,2 l Wasser angießen. Aufkochen und 30 Minuten sachte köcheln lassen. Etwas abkühlen lassen und durchseihen.

4 Den Safran mit 1 EL kochendem Wasser übergießen. In einer Pfanne oder einem Topf 2 EL Öl erhitzen und darin die Filetstücke der Fische auf großer Flamme 1 Minute anbraten. Abtropfen lassen.

5 3 EL Öl erhitzen und darin Fenchel, Knoblauch, Orangenschale und Thymian anbräunen. Die durchgeseihte Brühe mit Wasser auf rund 1,2 l auffüllen.

1 Für die Rouille Paprika, Chilischoten, Knoblauch, Öl und Brotkrumen im Mixer zu einem glatten Püree verarbeiten. In eine Servierschüssel füllen und kalt stellen.

SO GEHT'S BESSER
Man spart Zeit, wenn man den Fisch schon vom Fischhändler filetieren läßt.

6 Frische Tomaten 30 Sekunden in kochendes Wasser legen, kalt abschrecken, häuten und hacken. Die Brühe mit Safran, Tomaten, Tomatenmark und Lorbeer in den Topf geben. Abschmecken und bis kurz unter dem Siedepunkt erhitzen. Zugedeckt 20 Minuten köcheln lassen.

7 Fischfilets und Crevetten in die Brühe geben. Muscheln hinzufügen und zugedeckt 3–4 Minuten ziehen lassen. Danach ungeöffnete Muscheln aussortieren. Die Rouille separat zur heißen Suppe reichen.

SUPPEN

PIKANTE KÜRBISSUPPE

Kürbisse sind überall im Mittelmeerraum beliebt und vor allem in der orientalischen Küche unentbehrlich, so auch für diese Suppe. Ingwer und Kreuzkümmel geben die sanfte Würze.

900 g Kürbis, geschält und entkernt
2 EL Olivenöl
2 Stangen Porree, in Stücken
1 Knoblauchzehe, zerdrückt
1 TL Ingwer, gemahlen
1 TL Kreuzkümmel, gemahlen
900 ml Hühnerbrühe
Salz und schwarzer Pfeffer aus der Mühle
Korianderblätter zum Garnieren
4 EL Naturjoghurt

4 PORTIONEN

1 Kürbis in Stücke schneiden. Das Öl in einem Topf erhitzen und darin Porree und Knoblauch anbraten. Auf kleiner Flamme weichdünsten.

2 Ingwer und Kreuzkümmel zugeben und eine Minute weiterdünsten. Kürbis und Hühnerbrühe hinzufügen und mit Salz und Pfeffer würzen. Aufkochen und 30 Minuten köcheln lassen, bis der Kürbis weich ist. Die Suppe im Mixer pürieren (wenn nötig, portionsweise).

3 Die Suppe wieder erhitzen und in vorgewärmten Suppentellern servieren. In die Mitte jeweils einen Klecks Joghurt geben. Mit Korianderblättern garnieren.

SUPPEN

ORIENTALISCHE GURKEN-JOGHURTSUPPE

Joghurt wird im Nahen Osten sehr gern zum Kochen verwendet und üblicherweise sogar selbst hergestellt. Bei vielen Rezepten gibt man ihn erst gegen Ende der Garzeit dazu, damit er nicht gerinnt, bei dieser kalten Suppe ist Joghurt jedoch eine der Hauptzutaten.

1 große Gurke, geschält
300 ml Sahne
150 ml Naturjoghurt
2 Knoblauchzehen, zerdrückt
2 EL Weißweinessig
1 EL frische Minze, gehackt
Salz und schwarzer Pfeffer
Minzblättchen zum Garnieren

4 PORTIONEN

[1] Die Gurke grob raspeln. Zusammen mit Sahne, Joghurt, Knoblauch, Essig und Minze gut verrühren und abschmecken.

[2] Mindestens 2 Stunden kalt stellen. Vor dem Servieren nochmals durchrühren, in Suppenschalen füllen und mit Minze garnieren.

SUPPEN

PISTOU

Diese delikate Gemüsesuppe stammt aus dem südfranzösischen Nizza und wird mit dem Mark sonnengetrockneter Tomaten gewürzt und mit frischem Parmesan bestreut serviert.

1 Zucchini, gewürfelt
1 kleine Kartoffel, gewürfelt
1 Schalotte, gehackt
1 Möhre, gewürfelt
225-g-Dose gehackte Tomaten
1,2 l Gemüsebrühe
50 g grüne Bohnen, in 1 cm lange Stücke geschnitten
50 g Erbsen (TK-Ware)
50 g Suppennudeln
60–90 ml Pesto
1 EL Tomatenmark aus sonnengetrockneten Tomaten
Salz und schwarzer Pfeffer aus der Mühle
Frisch geriebener Parmesan

4–6 PORTIONEN

1 Zucchini, Kartoffel, Schalotte, Möhre und Tomaten in einen großen Topf geben und die Gemüsebrühe angießen. Salzen und pfeffern. Zum Kochen bringen und zugedeckt 20 Minuten lang köcheln lassen.

2 Die Bohnen, Erbsen und Nudeln hinzugeben. Weitere 10 Minuten kochen, bis die Nudeln bißfest sind. Abschmecken.

3 Die Suppe in Schalen füllen. Pesto und Tomatenmark mischen und in jede Tasse einen Löffel davon gleiten lassen. Dazu den Parmesan reichen, den sich jeder selbst auf seine Portion streut.

SUPPEN

GRIECHISCHE ZITRONENSUPPE

Avgolemono ist die bekannteste griechische Suppe. Der Name bezeichnet die beiden Hauptzutaten: Ei und Zitrone. Kritharakia sind wie Reiskörner geformte Nudeln.

1,75 l Hühnerbrühe
115 g Kritharakia-Nudeln
3 Eier
Saft von 1 großen Zitrone
Salz und schwarzer Pfeffer aus der Mühle
Zitronenscheiben zum Garnieren

4–6 PORTIONEN

1 Die Brühe in einem Topf aufkochen. Die Nudeln hineinschütten und 5 Minuten kochen.

2 Die Eier schaumig aufschlagen, den Zitronensaft und 1 EL kaltes Wasser zugeben. Zunächst eine, dann ein bis zwei weitere Schöpfkellen mit heißer Brühe langsam einrühren. Die Suppe wieder auf den Herd stellen, die Platte ausschalten und gut umrühren. Mit Salz und Pfeffer würzen und mit Zitronenscheiben garniert sofort servieren. (Nicht mehr aufkochen, nachdem die Eier zugefügt wurden, weil diese sonst gerinnen.)

SUPPEN

GALIZISCHE BOHNENSUPPE

Diese köstliche Suppe ähnelt den üppigen, wärmenden Eintöpfen Nordeuropas. Appetitliche Farbe verleihen ein paar Zwiebelschalen, die mit dem geräucherten Vorderschinken zusammen gegart werden. Denken Sie aber daran, sie vor dem Servieren wieder herauszunehmen.

450 g geräucherter Vorderschinken am Stück
2 Lorbeerblätter
2 Zwiebeln, in Ringe geschnitten
2 TL Paprikapulver
675 g Kartoffeln, in Stücke geschnitten
225 g Mangoldblätter
425-g-Dose Cannelli-Bohnen oder weiße Bohnenkerne, abgetropft
Salz und schwarzer Pfeffer aus der Mühle

4 PORTIONEN

1 Den Vorderschinken über Nacht wässern. Abschütten und mit Lorbeer und Zwiebeln in einen großen Topf geben. 1,5 l kaltes Wasser angießen und zum Kochen bringen.

2 Temperatur herunterschalten und rund 1½ Stunden köcheln lassen, bis das Fleisch zart ist. Den Topf im Auge behalten und aufpassen, daß die Brühe nicht überkocht.

3 Das Fleisch abschütten, die Kochflüssigkeit aber auffangen und etwas abkühlen lassen. Das Fleisch in Stücke schneiden. Mit Paprikapulver und Kartoffeln wieder in den Topf zurückgeben. Zugedeckt weitere 20 Minuten köcheln lassen.

4 Strünke der Mangoldblätter abschneiden; die Blätter in Streifen schneiden. Mit den Bohnen in den Topf geben und etwa 10 Minuten mitkochen. Mit Salz und Pfeffer abschmecken und heiß servieren.

SO GEHT'S BESSER
Man kann auch ein Eisbein mit Knochen nehmen. Dieser gibt der Brühe ein schönes Aroma.

SUPPEN

FRISCHE TOMATENSUPPE

Der intensive Geschmack sonnengereifter Tomaten spielt bei dieser erfrischenden Suppe eine große Rolle. Wenn Sie die Tomaten im Supermarkt kaufen, geben Sie etwas mehr Zucker und Essig dazu. An heißen Tagen serviert man die Suppe am besten eisgekühlt.

1,5 kg reife Tomaten
400 ml Hühner- oder Gemüsebrühe
3 EL Tomatenmark von sonnengetrockneten Tomaten
2–3 EL Balsamessig
2–3 TL Zucker
Eine Handvoll Basilikumblätter
Salz und schwarzer Pfeffer aus der Mühle
Geröstete Käse-Crostini und etwas Crème fraîche als Beigabe

6 PORTIONEN

[1] Tomaten 30 Sekunden in kochendes Wasser legen, kalt abschrecken, häuten und vierteln. In einen Topf geben und die Brühe angießen. Aufkochen und bei mäßiger Hitze 10 Minuten köcheln lassen, bis die Tomaten zerfallen. Tomatenmark, Essig, Zucker und reichlich gehackte Basilikumblätter unterziehen.

[2] Mit Salz und Pfeffer abschmecken und unter Rühren 2 Minuten sanft kochen lassen. Im Mixer pürieren, in den Topf zurückschütten und wieder erwärmen. In Suppenteller füllen und mit ein bis zwei Käse-Crostini, einem Klecks Crème fraîche und ein paar frischen Basilikumblättern garnieren.

SUPPEN

KALTE TOMATEN-PAPRIKASUPPE

Das Rezept ist von der spanischen Gazpacho inspiriert. In diesem Fall jedoch wird die Suppe zunächst gekocht und dann erst gekühlt.

2 rote Paprika, halbiert, entkernt
3 EL Olivenöl
1 Zwiebel, fein gehackt
2 Knoblauchzehen, zerdrückt
675 g reife, aromatische Tomaten
150 ml Rotwein
600 ml Hühnerbrühe
Salz und schwarzer Pfeffer aus der Mühle
Frischer Schnittlauch zum Garnieren

FÜR DIE CROÛTONS
2 Scheiben Weißbrot ohne Rinde
4 EL Olivenöl

4 PORTIONEN

1 Die Paprikaschoten vierteln und mit der Hautseite nach oben auf einen Rost legen. Grillen, bis die Haut geschwärzt ist. In eine Schüssel legen und mit einem Teller abdecken.

2 Das Öl in einem Topf erhitzen. Zwiebeln und Knoblauch darin weich dünsten. In der Zwischenzeit die Paprika häuten und grob hacken. Die Tomaten in Stücke schneiden.

3 Die Paprika und Tomaten in den Topf geben und zugedeckt 10 Minuten köcheln lassen. Den Wein angießen und 5 Minuten kochen, dann Brühe, Salz und Pfeffer zugeben und 20 Minuten köcheln lassen.

4 Die Suppe im Mixer pürieren. In eine saubere Glas- oder Keramikschüssel gießen und völlig abkühlen lassen, dann mindestens 3 Stunden im Kühlschrank kalt stellen.

5 Für die Croûtons kurz vor dem Servieren das Brot in Würfel schneiden. Das Öl in einer Pfanne erhitzen und das Brot darin goldgelb braten. Auf Küchenpapier abtropfen lassen.

6 Die erkaltete Suppe noch einmal abschmecken, in Suppentassen füllen und mit Croûtons und Schnittlauchröllchen dekoriert servieren.

SUPPEN

SPANISCHE KNOBLAUCHSUPPE

Eine schlichte, leckere Suppe aus einer der beliebtesten Zutaten der Mittelmeer-küche: köstlichem Knoblauch!

2 EL Olivenöl
4 große Knoblauchzehen, abgezogen
4 Scheiben Baguette, je 5 mm dick
1 EL Paprikapulver
1 l Rinderbrühe
¼ TL Kreuzkümmel, gemahlen
1 Prise Safranfäden
4 Eier
Salz und schwarzer Pfeffer aus der Mühle
Frische Petersilie zum Garnieren

4 PORTIONEN

1 Den Backofen auf 230 °C vorheizen. Öl in einem Topf erhitzen. Die ganzen Knoblauchzehen darin goldgelb braten. Herausnehmen und beiseite stellen. Das Brot im Öl goldgelb braten und beiseite stellen.

2 Die Paprika in den Topf geben und ein paar Sekunden anbraten. Rinderbrühe, Kreuzkümmel, Safran und den angebratenen Knoblauch zugeben, die Zehen zuvor mit einem Holzlöffelrücken zerdrücken. Mit Salz und Pfeffer abschmecken und etwa 5 Minuten kochen lassen.

3 Die Suppe in vier feuerfeste Schalen füllen und in jede ein Ei schlagen. Auf das Eigelb je eine Scheibe Brot legen und im Backofen 3–4 Minuten stocken lassen. Mit gehackter Petersilie bestreuen und sofort servieren.

Gemüse

Die Gemüse aus dem Mittelmeerraum stecken voller Aromen und Farben, die nur darauf warten, zu lauter leckeren Gerichten verarbeitet zu werden.

GEMÜSE

Mediterrane Straßenmärkte bieten dem Auge einen prächtigen Anblick. Angesichts der bildschön sortierten Obst- und Gemüsestände würden wahrscheinlich viele Urlauber ihr Hotelzimmer am liebsten abbestellen und statt dessen eine Ferienwohnung mit Kochgelegenheit mieten, um in den vor Saft und Süße strotzenden Feldfrüchten schwelgen zu können. Mittelmeergemüse sind meist äußerlich nicht makellos, doch überzeugen sie durch ein hocharomatisches Fruchtfleisch, das mit den von Kunstdünger aufgedunsenen Massenprodukten des Nordens nicht das geringste gemein hat. Die Gerichte, die man mit diesen Gemüsen zubereitet, sind ein Fest für den Gaumen, und schon der schlichteste Tomatensalat, mit etwas Olivenöl und wenigen Gewürzen verfeinert, könnte ohne weiteres als Hauptgericht auf den Tisch kommen.

Rings um das Mittelmeer bilden Gemüse die Grundlage der meisten Alltagsgerichte. Das liegt zum einen daran, daß Fleisch teuer ist, zum anderen aber auch an religiösen Fastengeboten. Aufgrund der Kargheit vieler Gegenden entwickelten die Menschen einen besonderen Einfallsreichtum bei der Zubereitung von Gemüsen, die fritiert, geröstet, gebacken, gefüllt, mariniert, gegrillt oder zu pi-

UNTEN: Eine Finca in Andalusien.

GEMÜSE

RECHTS: Tomaten, Chilischoten, Kartoffeln und Knoblauchzöpfe sind nur ein paar der vielen Gemüsesorten, die auf diesem Markt in der Südtürkei angeboten werden.

UNTEN: Goldener Herbst: Kürbisse werden zu leckeren Suppen, pikanten Kuchen und Aufläufen verarbeitet.

kanten Kuchen, Omelettes, Eintöpfen und Ragouts verarbeitet werden. Kurz: Sie sind ungemein vielseitig.

In Frankreich und Italien liebt man Gemüsepuffer aus Zucchini und Auberginen, die in einen leichten Ausbackteig getaucht und kurz fritiert werden. Dazu reicht man eine aromatische Sauce aus reifen Tomaten oder eine Knoblauch-Kräutervinaigrette. Selbst die Blüten von Zucchini und Kürbis werden zu dekorativen Teigblumen ausgebacken. *Ratatouille*, ein leichtes, würziges Gemüseragout, ist ein französisches Traditionsgericht, das es rings ums Mittelmeer in vielen Variationen gibt. Ebenso beliebt sind Artischocken, Auberginen und Ackerbohnen, aus denen man zahlreiche schmackhafte Gerichte zaubert.

Die italienische und französische Küche verwendet gern Pilze, im Frühjahr und Herbst quellen dort die Märkte schier davon über. Sie bieten sich für aufregende *risotti* und Salate, sogar zum Aromatisieren von Nudelteig an. Viele Pilzarten werden das ganze Jahr über getrocknet angeboten; sie sind sehr ergiebig und verstärken den Geschmack handelsüblicher Zuchtpilze ganz enorm.

Gefüllte Gemüse sind am Mittelmeer besonders beliebt, vor allem in der Türkei, Griechenland und dem Nahen Osten. Tomaten, Auberginen, Paprika, Zucchini und Zwiebeln werden mit Kuskus, Reis, Kräutern, Gewürzen, Dörrobst, Nüssen, Käse und manchmal auch Fleisch gefüllt. In Spinat-, Wein- oder Kohlblättern wickelt man verschiedene Füllungen ein und gart sie auf kleiner Flamme, bis die Aromen innig verschmelzen.

Selbst die schlichte Kartoffel kommt in der Mittelmeerküche zu ganz unerwarteten Ehren. In Spanien bereitet man einen köstlichen Salat aus knusprig gebratenen neuen Kartoffeln, und italienische *gnocchi* aus Kartoffelteig werden mit vielerlei Kräutern, Käse oder milden Gewürzen zu einem sättigenden Gericht.

GEMÜSE

Eingelegte Pilze

*Dieses spanische Rezept ist eine schöne Abwandlung der klassischen Champignons à la Grèque.
Am besten bereitet man die Pilze einen Tag im voraus zu, dann kann sich das Aroma voll entfalten.*

2 EL Olivenöl
1 kleine Zwiebel, sehr fein gehackt
1 Knoblauchzehe, zerdrückt
1 EL Tomatenmark
50 ml trockener Weißwein
2 Nelken
Eine Prise Safranfäden
225 g weiße Champignons, geputzt
Salz und schwarzer Pfeffer aus der Mühle
Frische Petersilie, gehackt

4 PORTIONEN

1. Das Öl im Topf erhitzen und Zwiebeln und Knoblauch darin weichbraten. Tomatenmark, Wein, 50 ml Wasser, Nelken und Safran zugeben und mit Salz und Pfeffer würzen. Zum Kochen bringen und zugedeckt 45 Minuten köcheln lassen, ggf. etwas mehr Wasser angießen.

2. Die Pilze in den Topf geben und zugedeckt weitere 5 Minuten ziehen lassen. Vom Feuer nehmen und zugedeckt abkühlen lassen. Über Nacht im Kühlschrank kalt stellen. Gut gekühlt und mit Petersilie bestreut servieren.

Tortilla mit Zwiebeln

*Ein beliebtes Rezept der südspanischen Küche: Ein dickes Kartoffel-Zwiebelomelette, das heiß oder
kalt zu jeder Tageszeit serviert werden kann.*

300 ml Olivenöl
6 Kartoffeln, geschält, in Scheiben
2 Gemüsezwiebeln, in Scheiben
6 große Eier
Salz und schwarzer Pfeffer
Kirschtomaten, halbiert

4 PORTIONEN

1. Das Öl in einer Pfanne erhitzen. Kartoffeln und Zwiebeln hineingeben, salzen. Zugedeckt 20 Minuten sanft braten lassen.

2. Die Eier in einer Schüssel verschlagen. Zwiebeln und Kartoffeln mit einem Schaumlöffel aus der Pfanne heben und zu den Eiern schütten. Mit Salz und Pfeffer würzen. Einen Teil des Öls abgießen, so daß rund 4 EL zurückbleiben. Die Pfanne wieder erhitzen.

3. Wenn das Öl heiß ist, die Kartoffel-Eiermischung hineingeben. 2–3 Minuten braten. Die Tortilla mit Hilfe eines Tellers wenden und weitere 5 Minuten backen, bis sie goldgelb und in der Mitte noch etwas feucht ist. In Stücke schneiden und mit den Tomaten servieren.

GEMÜSE

GEGRILLTE AUBERGINENPÄCKCHEN

Diese kleinen Pakete sind mit einer wundervollen Mischung aus Tomaten, Mozzarella und Basilikum gefüllte Auberginenscheiben.

2 große länglich-ovale Auberginen
225 g Mozzarella
2 Eiertomaten
16 große Basilikumblätter
Salz und schwarzer Pfeffer
2 EL Olivenöl

FÜR DAS DRESSING
4 EL Olivenöl
1 TL Balsamessig
1 EL Tomatenmark
1 EL Zitronensaft

ZUM GARNIEREN
2 EL geröstete Pinienkerne
Basilikumblätter, in Stücke gezupft

4 PORTIONEN

[1] Die Stiele der Auberginen abtrennen und die Früchte längs in möglichst dünne Scheiben schneiden. Verwenden Sie ein scharfes, langes Messer und versuchen Sie, insgesamt 16 Scheiben von rund 5 mm Dicke zu bekommen, wobei die Randscheiben nicht mitgezählt werden.

[2] In einem Topf Salzwasser zum Kochen bringen und die Scheiben darin etwa 2 Minuten kochen, bis sie knapp gar sind. Abtropfen lassen und mit Küchenpapier trocknen.

[3] Den Mozzarella in acht Scheiben teilen. Jede Tomate in 8 Scheiben schneiden, dabei die Randstücke weglassen.

[4] Jeweils zwei Auberginenscheiben über Kreuz auf ein Blech legen (links). Eine Tomatenscheibe in die Mitte legen, salzen und pfeffern und ein Basilikumblatt darauf legen. Die nächste Schicht bildet eine Mozzarellascheibe, darauf kommen wieder ein Basilikumblatt, eine Tomatenscheibe sowie Salz und Pfeffer.

GEMÜSE

5 Die Enden der Auberginenscheiben über die Füllung klappen und zu einem akkuraten Päckchen formen (links). Die übrigen Zutaten ebenso verarbeiten, so daß insgesamt 8 Päckchen entstehen. Rund 20 Minuten kalt stellen.

6 Für das Tomatendressing Öl, Essig, Tomatenmark und Zitronensaft verrühren und abschmecken.

7 Den Grill vorheizen. Die Päckchen mit Olivenöl bepinseln und von jeder Seite 5 Minuten grillen, bis sie goldgelb sind. Zum Servieren das Dressing darüber gießen und mit Pinienkernen und Basilikum bestreuen.

GEMÜSE

GNOCCHI MIT SPINAT UND RICOTTA

Damit diese delikaten Klößchen locker und luftig geraten, darf man den Teig nicht zu lange kneten.

900 g frischer Spinat
350 g Ricotta
4 EL frisch geriebener Parmesan
3 große Eier, verquirlt
¼ TL Muskatnuß, gerieben
3–4 EL Mehl
115 g zerlassene Butter
Salz und schwarzer Pfeffer aus der Mühle
Frisch geriebener Parmesan zum Garnieren

4 PORTIONEN

1 Den Spinat in einem großen Topf 5 Minuten dünsten und zusammenfallen lassen. Abkühlen lassen und möglichst viel Flüssigkeit ausdrücken. Den Spinat im Mixer pürieren und in eine Schüssel geben.

2 Ricotta, Parmesan, Eier und Muskat hinzufügen. Mit Salz und Pfeffer würzen und gut vermengen. Soviel Mehl hineingeben, daß ein weicher Teig entsteht. Mit den Händen 7,5 cm lange Rollen formen und leicht mit Mehl bestäuben.

3 Einen Topf voll Salzwasser zum Kochen bringen. Die Gnocchi ins Wasser gleiten lassen und 1–2 Minuten kochen, bis sie an die Oberfläche steigen. Mit einem Schaumlöffel herausheben und in eine vorgewärmte Schüssel legen. Die zerlassene Butter darüber gießen und mit Parmesan bestreut sofort servieren.

GEMÜSE

POLPETTE

Leckere kleine Kartoffelpuffer mit griechischem Schafskäse, Dill und Zitronensaft.

500 g Kartoffeln
115 g Schafskäse
4 Lauchzwiebeln, gehackt
3 EL frischer Dill, gehackt
1 Ei, verquirlt
1 EL Zitronensaft
Salz und schwarzer Pfeffer aus der Mühle
Mehl zum Bestäuben
3 EL Olivenöl

4 PORTIONEN

1. Die Kartoffeln ungeschält in Salzwasser weichkochen. Abschütten und pellen. In einer Schüssel zerstampfen. Den Schafskäse zerkleinern und zusammen mit Lauchzwiebeln, Dill, Ei und Zitronensaft dazugeben. Mit Salz und Pfeffer würzen (der Käse ist recht salzig, also vorher abschmecken). Gründlich vermengen.

2. Die Masse zugedeckt im Kühlschrank fest werden lassen. Zu walnußgroßen Bällchen formen und etwas flachdrücken. Mit Mehl bestäuben. Das Öl in einer Bratpfanne erhitzen und die Polpette darin von beiden Seiten goldgelb braten. Auf Küchenpapier abtropfen lassen und sofort servieren.

GEMÜSE

Gefüllte Tomaten und Paprika

Die appetitlich bunten Paprika und Tomaten lassen sich mit vielerlei fleischhaltigen und vegetarischen Mischungen füllen. Der hier verwendete Kräuterreis ist eine typisch griechische Version.

VARIANTE

Kleinere Auberginen oder größere Zucchini lassen sich ebenfalls hervorragend füllen. Die Gemüse halbieren und einen Teil des Fleisches mit einem Löffel aus dem Innern auslösen. Mit Öl einpinseln und etwa 15 Minuten backen. Das Fruchtfleisch hacken und 2–3 Minuten weichbraten, dann zur Füllung geben. Die Auberginen bzw. Zucchini werden nun genauso wie die Paprika und Tomaten weiterverarbeitet.

---

2 große reife Fleischtomaten
1 grüne Paprikaschote
1 gelbe Paprikaschote
4 EL Olivenöl
2 Zwiebeln, gehackt
2 Knoblauchzehen, zerdrückt
50 g blanchierte Mandeln, gehackt
75 g Langkornreis, gekocht
15 g frische Minze, grob gehackt
15 g frische Petersilie, grob gehackt
2 EL Sultaninen
3 EL gemahlene Mandeln
Salz und schwarzer Pfeffer aus der Mühle
Frische Kräuter, gehackt, zum Garnieren

4 PORTIONEN

1 Den Backofen auf 190 °C vorheizen. Die Tomaten halbieren und mit einem Löffel das Fruchtfleisch auslösen. Die Tomaten mit den Schnittflächen nach unten auf Küchenpapier abtropfen lassen. Das Fruchtfleisch grob hacken.

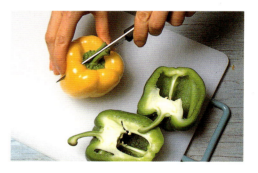

2 Die Paprika längs halbieren, aber die Stielansätze heil lassen. Die Kerne auslösen. Mit 1 EL Öl einpinseln und 15 Minuten auf einem Blech backen. Paprika und Tomaten in eine flache feuerfeste Form legen und mit Salz und Pfeffer würzen.

3 Die Zwiebeln 5 Minuten in 3 EL Öl anbraten, den Knoblauch und die gehackten Mandeln zugeben und 1 Minute weiterdünsten.

GEMÜSE

[4] Die Pfanne vom Feuer nehmen und Reis, gehackte Tomaten, Minze, Petersilie und Sultaninen unterheben. Kräftig salzen und pfeffern, dann die Masse in die Tomaten- und Paprikahälften füllen.

[5] 150 ml kochendes Wasser rings um die Tomaten und Paprika angießen und ohne Abdeckung 20 Minuten backen. Mit den gemahlenen Mandeln bestreuen, mit etwas Olivenöl beträufeln und 20 Minuten weiterbacken, bis die Oberfläche zu bräunen beginnt. Zum Servieren mit den frischen Kräutern bestreuen.

GEMÜSE

OKRA MIT KORIANDER UND TOMATEN

Okra-Schoten werden in vielen Mittelmeerländern mit Tomaten und milden Gewürzen kombiniert. Kaufen Sie die Schoten nur, wenn sie weich und samtig sind.

450 g frische Tomaten oder eine 400-g-Dose gehackte Tomaten
450 g frische Okra-Schoten
3 EL Olivenöl
2 Zwiebeln, in feine Ringe geschnitten
2 TL Koriandersamen, zerdrückt
3 Knoblauchzehen, zerdrückt
½ TL Zucker
Fein abgeriebene Schale und Saft von 1 Zitrone
Salz und schwarzer Pfeffer aus der Mühle

4 PORTIONEN

1 Frische Tomaten 30 Sekunden in kochendes Wasser tauchen, mit kaltem Wasser abschrecken, enthäuten und hacken.

2 Von den Okra die Stiele abschneiden, die Schoten aber ganz lassen. In einer Sauteuse das Öl erhitzen und darin Zwiebeln und Koriander 3–4 Minuten anbräunen.

3 Okra-Schoten und Knoblauch zugeben und 1 Minute weiterbraten. Die Tomaten und den Zucker unterheben und 20 Minuten köcheln lassen, bis die Okra bißfest sind, dabei ein- oder zweimal umrühren. Zum Schluß Zitronenschale und -saft und ggf. etwas mehr Zucker zugeben. Warm oder kalt servieren.

GEMÜSE

PAPRIKA MIT KUSKUS-FÜLLUNG

Kuskus ist ein Hartweizengrieß, der vor allem im Orient sehr beliebt ist. In diesem Rezept dient er neben weiteren Zutaten als leckeres ›Füllmaterial‹.

6 rote Paprika
2 EL Butter
1 Zwiebel, fein gehackt
1 TL Olivenöl
½ TL Salz
175 g Kuskus
2 EL Rosinen
2 EL frische Minze, gehackt
1 Eigelb
Salz und schwarzer Pfeffer aus der Mühle
Frische Minzeblättchen

4 PORTIONEN

1 Den Backofen auf 200 °C vorheizen. Jede Paprikaschote vorsichtig aufschlitzen und durch die Öffnung entkernen. Die Butter in einem kleinen Topf zerlassen und die Zwiebel darin glasig braten.

2 Für den Kuskus 250 ml Wasser zum Kochen bringen. Öl und Salz zugeben, vom Feuer nehmen und den Kuskus einrühren. Zugedeckt 5 Minuten quellen lassen, dann die gebratene Zwiebel, die Rosinen und die Minze unterheben, kräftig mit Salz und Pfeffer würzen und das Eigelb unterziehen.

3 Mit einem Teelöffel die Kuskus-Masse in die Paprikaschoten füllen. Lassen Sie noch etwas Platz (etwa ein Viertel), da die Masse noch weiter aufquillt. In eine gefettete feuerfeste Form legen und ohne Abdeckung 20 Minuten backen. Heiß oder kalt mit Minze garniert servieren.

GEMÜSE

ZUCCHINI-PUFFER MIT PISTOU

Diese knusprigen Gemüsepuffer sind eine Spezialität aus Südfrankreich, die hier mit einer Käsesauce serviert werden. Aber auch ein Tomaten-Knoblauchdressing oder eine Kräutersauce passen gut.

FÜR DAS PISTOU
15 g Basilikumblätter
4 Knoblauchzehen, zerdrückt
90 g geriebener Parmesan
Fein abgeriebene Schale von 1 Zitrone
150 ml Olivenöl

FÜR DIE ZUCCHINI-PUFFER
450 g Zucchini, geraffelt
75 g Mehl
1 Ei, getrennt
1 EL Olivenöl
Öl zum Braten
Salz und schwarzer Pfeffer aus der Mühle

4 PORTIONEN

1. Für das Pistou die Basilikumblätter und den Knoblauch im Mörser zerstoßen und zu einer feinen Paste verarbeiten. In eine Schüssel füllen und den Parmesan sowie die Zitronenschale unterheben. Nach und nach das Öl in kleinen Mengen unterrühren, bis alles gut vermischt ist.

2. Die geraffelten Zucchini in ein Sieb füllen und mit reichlich Salz mischen. 1 Stunde abtropfen lassen, dann gründlich abbrausen. Auf Küchenpapier trocknen.

3. Das Mehl in eine Schüssel sieben und in die Mitte eine Vertiefung drücken. Eigelb und Öl hineingeben. 75 ml Wasser abmessen und etwas davon dazugeben.

4. Eigelb und Öl mit Mehl und Wasser zu einem geschmeidigen Teig verschlagen. Würzen und 30 Minuten stehen lassen.

5. Die Zucchini unter den Teig heben. Das Eiweiß steif schlagen und unter den Teig heben.

6. In einer Pfanne 1 cm hoch Öl erhitzen. Die Masse eßlöffelweise hineingeben und 2 Minuten goldgelb ausbacken. Auf Küchenpapier abtropfen lassen und warm stellen, bis die übrigen Puffer fertig sind. Zusammen mit der Sauce heiß oder lauwarm servieren.

GEMÜSE

RATATOUILLE

Ein variantenreicher Gemüseschmortopf aus der Provence. Ratatouille ist kalt und heiß gleichermaßen schmackhaft und kann als Eintopf ebenso wie als Beilage, etwa zu Lammbraten, serviert werden.

900 g reife, aromatische Tomaten
120 ml Olivenöl
2 Zwiebeln, in feine Ringe geschnitten
2 rote Paprika, in Stücke geschnitten
1 gelbe Paprika, in Stücke geschnitten
1 große Aubergine, in Stücke geschnitten
2 Zucchini, in Scheiben geschnitten
4 Knoblauchzehen, zerdrückt
2 Lorbeerblätter
1 EL frischer Thymian, gehackt
Salz und schwarzer Pfeffer aus der Mühle

6 PORTIONEN

1 Die Tomaten 30 Sekunden in kochendes Wasser tauchen, dann mit kaltem Wasser abschrecken, enthäuten und grob hacken.

2 Etwas Öl in einer Pfanne mit schwerem Boden erhitzen und die Zwiebeln darin 5 Minuten anbraten. Die Paprika zugeben, 2 Minuten anbraten und herausnehmen. Die Auberginen und weiteres Öl zugeben, 5 Minuten anbraten. Dann die Zucchini zugeben und 3 Minuten anbraten. Herausnehmen und abtropfen.

3 Knoblauch und Tomaten in die Pfanne geben, mit Lorbeer und Thymian, Salz und Pfeffer würzen. Auf kleiner Flamme garen, bis die Tomaten weich sind und sämig werden.

4 Alle Gemüse wieder in die Pfanne geben und bei geringer Hitze unter Rühren rund 15 Minuten garen, bis die Mischung recht sämig ist, aber noch genügend ›Biß‹ hat. Mit Salz und Pfeffer abschmecken.

SO GEHT'S BESSER
Die Mengenverhältnisse der Gemüse unterliegen bei einer Ratatouille keinen festen Regeln. Deshalb können Sie die Mengen und Sorten weitgehend nach Gutdünken und Vorrat abwandeln. Sollten die Tomaten zuwenig Aroma haben, geben Sie 2–3 EL Tomatenmark und eine Prise Zucker zur Gemüsemischung.

GEMÜSE

Spinat mit Rosinen und Pinienkernen

Rosinen und Pinienkerne werden in Spanien häufig kombiniert. In diesem Fall werden sie mit Spinat zusammen gebraten und mit Brotcroûtons bestreut als leichter Imbiß oder als Beilage serviert.

50 g Rosinen
1 dicke Scheibe Weißbrot
3 EL Olivenöl
25 g Pinienkerne
500 g junger Spinat, geputzt und ohne Stiele
2 Knoblauchzehen, zerdrückt
Salz und schwarzer Pfeffer aus der Mühle

4 PORTIONEN

[1] Die Rosinen mit kochendem Wasser überbrühen und 10 Minuten einweichen. Abschütten.

[2] Das Brot (ohne die Kruste) in Würfel schneiden. 2 EL Olivenöl erhitzen und die Brotwürfel darin goldgelb braten. Abtropfen lassen.

[3] 1 EL Öl in der Pfanne erhitzen und die Pinienkerne darin anbräunen. Spinat und Knoblauch zugeben und auf großer Flamme zusammenfallen lassen, dabei umrühren.

[4] Rosinen zugeben und mit Salz und Pfeffer würzen. Auf eine erwärmte Platte füllen, mit Croûtons bestreuen und heiß servieren.

VARIANTE
Sie können auch Karden oder Mangold nehmen, benötigen dann aber eine etwas längere Garzeit.

78

GEMÜSE

Pikante Rübchen mit Spinat und Tomaten

Zarte Rübchen, aromatischer Spinat und reife Tomaten sind ungewohnte Partner bei diesem schlichten orientalischen Gemüseeintopf.

450 g Eiertomaten oder andere aromatische Tomaten
4 EL Olivenöl
2 Zwiebeln, in Ringe geschnitten
450 g junge Steckrüben, geschält
1 TL Paprikapulver
½ TL Zucker
4 EL frischer Koriander, gehackt
450 g frischer junger Spinat, geputzt
Salz und schwarzer Pfeffer aus der Mühle

6 Portionen

1 Die Tomaten 30 Sekunden in kochendes Wasser legen, mit kaltem Wasser abschrecken, enthäuten und grob hacken. Das Olivenöl in einer großen Pfanne erhitzen und die Zwiebelringe darin etwa 5 Minuten goldgelb braten.

2 Die Steckrübchen mit Tomaten und Paprikapulver zugeben, 4 EL Wasser hinzufügen und kochen, bis die Tomaten sämig geworden sind. Zugedeckt weitergaren, bis die Rübchen bißfest sind.

3 Zucker und Koriander einstreuen, den Spinat zugeben und mit Salz und Pfeffer würzen. 2–3 Minuten weitergaren, bis der Spinat zusammengefallen ist. Warm oder kalt servieren.

GEMÜSE

Gefüllte Weinblätter mit Tzatziki

Dieses griechische Rezept gibt es in schier unzähligen Varianten. Unsere fleischlose Version ist sehr aromatisch mit frischen Kräutern, Zitrone und etwas Chili abgeschmeckt.

225 g eingelegte Weinblätter (Packung oder Glas)
1 Zwiebel, fein gehackt
½ Bund Lauchzwiebeln, fein gehackt
4 EL frische Petersilie, gehackt
10 größere Minzezweige, gehackt
Fein abgeriebene Schale von 1 Zitrone
½ TL getrocknete Chilischoten, zerkrümelt
1½ TL Fenchelsamen, zerdrückt
175 g Langkornreis
120 ml Olivenöl
150 ml dicker Naturjoghurt
2 Knoblauchzehen, zerdrückt
Zitrone und Minzeblättchen zum Garnieren

6 Portionen

1 Weinblätter mit kaltem Wasser abspülen. Mit kochendem Wasser überbrühen und 20 Minuten ziehen lassen. Abtropfen lassen.

2 Zwiebeln, Lauchzwiebeln, Petersilie, Minze, Zitrone, Chili, Fenchel, Reis und 1½ EL des Olivenöls gründlich vermengen und salzen.

3 Ein Weinblatt mit den Adern nach oben auf ein Küchenbrett legen, den Stiel abschneiden. Einen gehäuften Teelöffel Füllung etwa am Stielansatz auf das Blatt legen.

4 Zuerst das Stielende des Blattes, dann die Seitenteile über die Füllung klappen und das ganze akkurat einschlagen.

5 Alle Weinblätter füllen, bis Sie 28 Stück haben. Sollten einige Blätter zu klein sein, legen Sie zwei davon versetzt übereinander und rollen sie zu Päckchen gleicher Größe wie die übrigen.

6 Die übrigen Blätter auf den Boden eines großen, schweren Topfes legen. Die gefüllten Blätter nebeneinander auf den Boden legen. Das restliche Öl darüber träufeln und 300 ml kochendes Wasser angießen.

So geht's besser
Als Garprobe hebt man ein gefülltes Weinblatt aus dem Topf. Der Reis muß dick und weich sein, so daß das Blatt nun prall gefüllt sein sollte. Falls nötig, die gefüllten Blätter noch etwas weiterkochen, dabei ggf. etwas mehr heißes Wasser zugießen.

7 Einen Teller auflegen, damit die Päckchen nicht aufschwimmen. Den Deckel schließen und auf kleiner Flamme 45 Minuten ziehen lassen.

8 Für das Tzatziki den Joghurt mit Knoblauch verrühren und abschmecken. Die gefüllten Weinblätter auf eine Servierplatte legen und mit Zitronenspalten und Minze servieren, dazu das Tzatziki reichen.

GEMÜSE

KICHERERBSEN-AUBERGINENRAGOUT

Dieses libanesische Rezept kennt viele verwandte Spielarten im ganzen Mittelmeerraum.

3 große Auberginen
200 g Kichererbsen, über Nacht gewässert
4 EL Olivenöl
3 Knoblauchzehen, gehackt
2 große Zwiebeln, gehackt
½ TL Kreuzkümmel, gemahlen
½ TL Zimt, gemahlen
½ TL Koriander, gemahlen
Drei 400-g-Dosen gehackte Tomaten
Salz und schwarzer Pfeffer

FÜR DAS DRESSING
2 EL Olivenöl
1 Zwiebel, in Ringe geschnitten
1 Knoblauchzehe
Frische Korianderblätter

4 PORTIONEN

1 Die Auberginen würfeln, mit Salz bestreuen und 30 Minuten stehen lassen, damit der bittere Saft herauszieht. Mit kaltem Wasser abbrausen und auf Küchenpapier abtropfen lassen.

2 Die Kichererbsen mit Wasser bedeckt zum Kochen bringen. 30 Minuten köcheln lassen, bis sie bißfest sind, dann abschütten.

3 Das Öl im Topf erhitzen. Knoblauch und Zwiebeln darin glasig werden lassen. Die Gewürze zugeben und kurz unter Rühren anbraten. Die Auberginen zugeben, gut umrühren und 5 Minuten schmoren. Dann Tomaten und Kichererbsen zugeben und mit Salz und Pfeffer würzen. Zugedeckt 20 Minuten köcheln lassen.

4 Für das Dressing das Öl in einer Pfanne erhitzen und die Zwiebelringe und den Knoblauch darin braun und knusprig braten. Das Ragout auf Reis anrichten und mit Zwiebeln und Knoblauch sowie Korianderblättern garniert servieren.

GEMÜSE

SPANISCHE KARTOFFELN

Ein würziges Kartoffelgericht, dem etwas Essig das fruchtige Aroma gibt. Als Beilage zu Schinken und kalten Platten oder als Tapas servieren.

675 g kleine neue Kartoffeln
5 EL Olivenöl
2 Knoblauchzehen, in Scheiben geschnitten
½ TL Chilischoten, zerdrückt
½ TL Kreuzkümmel, gemahlen
2 TL Paprikapulver
2 EL Rot- oder Weißweinessig
1 rote oder grüne Paprikaschote, entkernt und in Streifen geschnitten
Ggf. grobes Meersalz zum Bestreuen

4 PORTIONEN

1. Die Kartoffeln in Salzwasser knapp gar kochen. Abschütten und, falls gewünscht, schälen. In Stücke schneiden.

2. Das Öl in einer Pfanne erhitzen und die Kartoffeln unter häufigem Wenden goldgelb braten.

3. In der Zwischenzeit Knoblauch, Chili und Kreuzkümmel im Mörser zerstoßen. Mit Paprika und Weinessig verrühren.

4. Die Mischung zu den Kartoffeln geben und die Paprikastreifen hinzufügen. Unter Rühren 2 Minuten braten. Warm servieren oder erkalten lassen. Nach Belieben mit grobem Meersalz bestreuen.

SALATE

Salate sind tolle Sommergerichte, und nirgendwo ist das Angebot an erfrischenden, aromatischen Salaten größer als am Mittelmeer.

SALATE

LINKS: Einige der prallen marokkanischen Oliven wandern in Salate, die meisten werden jedoch zu Öl verarbeitet.

Aufgrund des Klimas sind Salate und kalte Speisen in den Mittelmeerländern seit jeher populär. Zutaten dafür gibt es in Hülle und Fülle, vor allem Gemüse, die in vielerlei Weise kombiniert werden. In seiner einfachsten Version besteht ein Salat in Italien, Spanien und Frankreich aus grünen oder gemischten Blattsalaten mit Vinaigrette. Man serviert ihn meist nach dem Hauptgericht, bevor man zum Käse übergeht. Die Vinaigrette ist ein ursprünglich französischer Klassiker, der inzwischen in aller Welt Freunde gefunden hat. Wie der Name andeutet, ist die Hauptzutat Essig (franz. *vinaigre*), der mit der dreifachen Menge an Olivenöl sowie Salz und Pfeffer angerührt wird. Von diesem Grundrezept gibt es zahllose Varianten, so etwa mit Zitronensaft, Senf, Kräutern, Knoblauch und Sahne. Auch Öl und Essig können unterschiedlich sein. Kaltgepreßtes Olivenöl ist am feinsten im Geschmack, etwas leichter ist jedoch eine Mischung von Erdnuß- und Olivenöl. Auch Walnuß- oder Distelöl wird gern zu Salaten verwendet. Die Italiener bevorzugen guten Rotweinessig, doch auch der süßsaure Balsamessig ist beispielsweise zu gegarten Gemüsen nicht zu verachten. Spanischer Sherryessig ist ebenfalls sehr aromatisch. Kräuteressige bieten sich an, wenn keine frischen Kräuter zu bekommen sind.

An Salatpflanzen herrscht im Mittelmeerraum keinerlei Mangel. Sie unterscheiden sich in Farbe, Geschmack und ›Biß‹. Die Franzosen lieben eine Mischung von Blattsalaten, die sie als *mesclun* bezeichnen und die man küchenfertig auf dem Wochenmarkt kauft. Darüber hinaus liebt man Löwenzahn, Frisée, Chicorée, Eichblattsalat und vieles andere mehr. In Italien gehören *radicchio* und *rucola* (Rauke) zu den gängigsten Sorten, während die Spanier Römersalat vorziehen. Im Nahen Osten sind Blattsalate

RECHTS: Der Besuch eines türkischen Marktes ist immer ein Erlebnis. Das Neueste vom Tage bekommt man gratis dazu.

SALATE

OBEN: Diese stille Landschaft in der Nähe von Carmona liegt in einer der schönsten Ecken Andalusiens.

seltener anzutreffen, dafür mag man hier Salate aus gekochten Gemüsen oder Rohkost mit Zitronen-Vinaigrette. Frische Kräuter spielen ebenfalls eine große Rolle und werden manchmal zwischen den Gängen gereicht, um den Gaumen zu erfrischen. Solche einfachen Blattsalate sind spontane Kreationen und benötigen keinerlei Rezepte.

Auf den Märkten des Mittelmeerraums wird mit das beste Obst und Gemüse der Welt angeboten. Die Auswahl reicht von riesigen, am Strauch gereiften Tomaten bis zu klitzekleinen Artischocken. Alles ist liebevoll arrangiert. Die Kombinationsmöglichkeiten für Salate sind nahezu unendlich. Auch Obst wird gern dazugemischt; so dienen etwa Weintrauben und Orangen bei einigen unserer Rezepte als erfrischendes Element. Daneben gibt es auch komplizierte Salate, die mit speziellen Zutaten oder besonderem Dressing zubereitet werden und ein eigenständiges Gericht bilden, das als leichtes Mittagessen oder als Vorspeise serviert wird. In diese Salate kommen alle möglichen leckeren Sachen von Oliven über Würste, Nüsse und Käse bis zu Sardellen.

Dieses Kapitel stellt einige klassische mediterrane Salate vor, etwa *Salade Niçoise* und griechischen Bauernsalat, die jeden, der davon kostet, unweigerlich in den Zauber eines Dörfchens direkt am Mittelmeer versetzen. Manche Salate sind deftig genug, um als komplettes Hauptgericht serviert zu werden, so etwa geröstete Paprika mit Tomaten und Sardellen oder Ackerbohnen mit Pilzen und Chorizo. Niemals fehlen dürfen allerdings knuspriges Brot und ein schönes Glas Wein!

SALATE

GERÖSTETE PAPRIKA MIT TOMATEN UND SARDELLEN

Dieser Salat enthält einige typisch sizilianische Zutaten. Das Aroma wird noch intensiver, wenn man den Salat ein bis zwei Stunden vor dem Servieren anmacht und gut durchziehen läßt.

1 rote Paprikaschote
1 gelbe Paprikaschote
4 sonnengetrocknete Tomaten in Öl, abgetropft
4 reife Eiertomaten
2 Sardellen (Konserve), gehackt
1 EL Kapern, abgetropft
1 EL Pinienkerne
1 Knoblauchzehe, in feine Scheiben geschnitten

FÜR DAS DRESSING
5 EL kaltgepreßtes Olivenöl
1 EL Balsamessig
1 TL Zitronensaft
Gemischte frische Kräuter, gehackt
Salz und schwarzer Pfeffer

4 PORTIONEN

1 Die Paprika halbieren, Kerne und Stielansatz auslösen. Vierteln und mit der Wölbung nach oben unter den vorgeheizten Grill legen, bis die Haut schwarz wird. Mit einem Teller zugedeckt abkühlen lassen. Häuten und in Streifen schneiden.

2 Die getrockneten Tomaten in Streifen schneiden. Paprika und frische Tomaten in einer Schüssel anrichten und mit Sardellen, getrockneten Tomaten, Kapern, Pinienkernen und Knoblauch bestreuen.

3 Für das Dressing Olivenöl, Essig, Zitronensaft und Kräuter vermischen und abschmecken. Vor dem Servieren über den Salat geben.

SALATE

SÜSS-SAURER ZWIEBELSALAT

Dieses Rezept stammt zwar aus der südfranzösischen Provence, ähnliche Gerichte finden sich jedoch auch in anderen Mittelmeerländern.

450 g kleine Zwiebeln, gepellt
50 ml Weinessig
3 EL Olivenöl
3 EL Zucker
3 EL Tomatenmark
1 Lorbeerblatt
2 Stengel Petersilie
65 g Rosinen
Salz und schwarzer Pfeffer

6 PORTIONEN

[1] Alle Zutaten mit 300 ml Wasser in einem Topf zum Kochen bringen und ohne Deckel 45 Minuten köcheln lassen, bis die Zwiebeln weich sind und die Flüssigkeit fast vollständig eingekocht ist.

[2] Das Lorbeerblatt und die Petersilie herausnehmen, abschmecken und in eine Schüssel füllen. Bei Zimmertemperatur servieren.

SALATE

GRIECHISCHER BAUERNSALAT

Jedem, der einmal Urlaub in Griechenland gemacht hat, ist dieser typische gemischte Salat vertraut. Zur Delikatesse wird er, wenn man ganz frische Zutaten und hochwertiges Olivenöl verwendet.

1 kleiner Römersalat, in Streifen
450 g aromatische Tomaten, geachtelt
1 Schlangengurke, entkernt und in Scheiben geschnitten
200 g Schafskäse, gewürfelt
4 Lauchzwiebeln, geschnitten
50 g schwarze Oliven, entsteint und halbiert

FÜR DAS DRESSING
6 EL kaltgepreßtes Olivenöl
1½ EL Zitronensaft
Salz und schwarzer Pfeffer

6 PORTIONEN

1. Alle Salatzutaten in eine große Schüssel geben. Olivenöl mit Zitronensaft verrühren, salzen und pfeffern und über den Salat geben. Gut vermengen und sofort servieren.

WÜRZIGER AUBERGINENSALAT

Dieses orientalisch beeinflußte Gericht serviert man am besten mit warmem Pitta-Brot als Vorspeise oder als Beilage zu einem Reispilau.

2 kleine Auberginen, quer in Scheiben geschnitten
5 EL Olivenöl
50 ml Rotweinessig
2 Knoblauchzehen, zerdrückt
1 EL Zitronensaft
½ TL Kreuzkümmel, gemahlen
½ TL Koriander, gemahlen
½ Schlangengurke, in Scheiben
2 Tomaten, in Scheiben
2 EL Naturjoghurt
Salz und schwarzer Pfeffer
Glattblättrige Petersilie, gehackt

4 PORTIONEN

1. Den Grill vorheizen. Die Auberginenscheiben leicht mit Öl bepinseln und bei starker Hitze goldgelb und weich grillen, dabei einmal wenden. In Viertel schneiden.

2. Das restliche Öl mit Essig, Knoblauch, Zitronensaft, Kreuzkümmel und Koriander verrühren und abschmecken. Mit den noch warmen Auberginen vermischen und mindestens 2 Stunden kalt stellen. Die Gurken und Tomaten zugeben. Einen Klecks Joghurt darauf geben und mit Petersilie bestreuen.

SALATE

MAROKKANISCHER SALAT MIT DATTELN

Bei diesem bunten Salat werden exotische Zutaten wie frische Datteln und Orangenblütenwasser mit knackigem grünen Salat, Möhren, Orangen und gerösteten Mandeln kombiniert.

1 kleiner Römersalat
2 Möhren, fein geraffelt
2 Orangen
115 g frische Datteln, entsteint und längs in Streifen geschnitten
25 g geröstete ganze Mandeln, gehackt
2 EL Zitronensaft
1 TL Zucker
¼ TL Salz
1 EL Orangenblütenwasser

4 PORTIONEN

1 Die Salatblätter zerteilen und in einer Schüssel oder auf Portionstellern anrichten. Die Möhrenraspel darüber geben.

2 Die Orangen schälen und filetieren, rings um die Möhren anrichten. Die Datteln darauf legen. Mit Mandelsplittern bestreuen. Zitronensaft, Zucker, Salz und Orangenblütenwasser verrühren und über den Salat träufeln. Gut gekühlt servieren.

SALATE

GEKOCHTER GEMÜSESALAT

Diese marokkanische Spezialität wird warm als Beilage zum Hauptgericht gereicht. Am besten macht man den Salat einen Tag im voraus, damit sich das Aroma entfalten kann.

2 aromatische Tomaten, geachtelt
2 Zwiebeln, gewürfelt
½ Schlangengurke, längs halbiert, entkernt und in Scheiben geschnitten
1 grüne Paprika, gewürfelt
2 EL Zitronensaft
3 EL Olivenöl
2 Knoblauchzehen, zerdrückt
2 EL frischer Koriander, gehackt
Salz und schwarzer Pfeffer
Frische Korianderblätter zum Garnieren

4 PORTIONEN

1 Tomaten, Zwiebeln, Gurken und Paprika in einen Topf füllen und 60 ml Wasser zugeben. 5 Minuten köcheln und dann abkühlen lassen.

2 Zitronensaft, Olivenöl und Knoblauch verrühren. Die Gemüse abschütten und in eine Schüssel füllen. Das Dressing darüber gießen, abschmecken und den gehackten Koriander dazugeben. Mit Koriander garniert sofort servieren.

SALATE

PANZANELLA

Dieser erfrischend säuerliche italienische Salat wird mit einem Dressing aus Tomatensaft, Olivenöl und Rotweinessig angemacht und enthält gebackene Paprika, Tomaten, Sardellen und geröstete Ciabatta.

225 g Ciabatta-Brot
150 ml Olivenöl
3 rote Paprikaschoten
3 gelbe Paprikaschoten
675 g reife Eiertomaten
4 Knoblauchzehen, zerdrückt
4 EL Rotweinessig
50 g Sardellenfilets (Konserve)
90 g Kapern
115 g schwarze Oliven, entsteint
Salz und schwarzer Pfeffer
Frische Basilikumblätter

4–6 Portionen

1. Den Backofen auf 200 °C vorheizen. Die Ciabatta in 2 cm dicke Stücke schneiden und mit 50 ml Öl beträufeln. Im Ofen goldgelb grillen.

2. Die Paprika auf einem mit Folie ausgelegten Blech 45 Minuten backen, bis die Haut schwarz wird. Aus dem Ofen nehmen, mit einem Tuch abdecken und abkühlen lassen.

3. Die Paprika häuten und in Viertel schneiden, dabei die Stielansätze und Kerne entfernen. Die Sardellen abtropfen lassen und grob hacken. Beiseite stellen.

4. Für das Dressing die Tomaten schälen und halbieren. Das Innere auslösen, in ein Sieb geben und den Saft in einer Schüssel auffangen. Mit einem Löffelrücken das Tomatenfleisch ausdrücken, um viel Saft zu bekommen. Die Tomatenreste wegwerfen und das restliche Öl, Knoblauch und Essig zum Saft geben.

5. Das geröstete Brot mit Paprika, Tomaten, Sardellen, Kapern und Oliven in einer großen Salatschüssel anrichten. Das Tomatendressing mit Salz und Pfeffer abschmecken und über den Salat gießen. Rund 30 Minuten ziehen lassen, dann mit reichlich Basilikumblättern bestreut servieren.

RADICCHIO MIT TOPINAMBUR UND WALNÜSSEN

Der erdige Geschmack der Topinambur bildet einen interessanten Kontrast zur herben Frische von Radicchio und Zitronensaft. Den Salat kann man kalt oder warm als Beilage zu Steaks oder anderem Grillfleisch servieren.

1 großer Kopf Radicchio oder
150 g Radicchioblätter
6 EL Walnußstücke
3 EL Walnußöl
500 g Topinambur
Schale und Saft von 1 Zitrone
Grobes Meersalz und schwarzer
Pfeffer aus der Mühle
Ggf. glattblättrige Petersilie

4 Portionen

1. Den Radicchio zerrupfen und in eine feuerfeste Form legen. Mit den Walnüssen bestreuen und Öl und Gewürze darüber geben. 2–3 Minuten grillen.

2. Die Topinambur schälen und so schneiden, daß die Stücke etwa gleich groß sind. Salzwasser mit der Hälfte des Zitronensafts aufkochen. Die Topinambur darin 5–7 Minuten bißfest garen. Abschütten. Den Grill auf höchster Stufe vorheizen.

3. Die Topinambur mit dem Salat vermengen, den restlichen Zitronensaft und die abgeriebene Schale dazugeben. Mit Meersalz und Pfeffer würzen und unter dem Grill bräunen. Nach Belieben mit Petersilie bestreuen und sofort servieren.

SALATE

CACIK

Die erfrischende Joghurtspeise ist im östlichen Mittelmeerraum neben Oliven und Pitta-Brot auf jeder Mezze-Tafel zu finden, wird aber gern auch zu Fleischgerichten gegessen.

1 kleine Schlangengurke
300 ml dicker Naturjoghurt
3 Knoblauchzehen, zerdrückt
2 EL frische Minze, gehackt
2 EL frischer Dill oder Petersilie, gehackt
Salz und schwarzer Pfeffer
Minze oder Petersilie und Dill, gehackt, zum Garnieren
Dazu passen Olivenöl, Oliven und Pitta-Brot

6 PORTIONEN

1 Die Gurke fein hacken, in ein Sieb legen und mit reichlich Salz bestreuen. 30 Minuten ziehen lassen, dann mehrmals mit Wasser abspülen und gut abtropfen lassen. Mit Küchenpapier trockentupfen.

2 Joghurt, Knoblauch und Kräuter mischen und abschmecken. Die Gurkenstücke unterheben. Mit Kräutern garnieren und mit etwas Olivenöl beträufeln. Dazu Oliven und Pitta-Brot reichen.

SALATE

ÄGYPTISCHER BOHNENSALAT

Braune Bohnenkerne werden in der ägyptischen Küche viel verwendet und gelegentlich bei uns in Bioläden angeboten. Man kann jedoch auch schwarze oder Kidneybohnen nehmen.

350 g getrocknete braune Bohnenkerne
3 Thymianzweige
2 Lorbeerblätter
1 Zwiebel, halbiert
4 Knoblauchzehen, zerdrückt
1½ TL Kreuzkümmelsamen, zerdrückt
3 Lauchzwiebeln, fein gehackt
6 EL frische Petersilie, gehackt
4 TL Zitronensaft
6 EL Olivenöl
3 hartgekochte Eier, gepellt und grob gehackt
1 Gewürzgurke, grob gehackt
Salz und schwarzer Pfeffer aus der Mühle

6 PORTIONEN

1. Die Bohnenkerne in reichlich kaltem Wasser über Nacht einweichen. Abschütten und in einem Topf mit frischem Wasser bedeckt aufsetzen, zum Kochen bringen und 10 Minuten lang sprudelnd kochen.

2. Die Hitze reduzieren. Thymian, Lorbeer und Zwiebeln zugeben. Etwa 1 Stunde köcheln lassen, bis die Bohnen bißfest sind. Abschütten, die Zwiebeln und Kräuter herausnehmen.

SO GEHT'S BESSER
Bei getrockneten Bohnenkernen kann die Kochzeit schwanken. Mal dauert es 45 Minuten, mal erheblich länger.

3. Knoblauch, Kreuzkümmel, Lauchzwiebeln, Petersilie, Zitronensaft, Öl und etwas Salz und Pfeffer verrühren. Über die Bohnen schütten und kurz vermengen.

4. Zum Schluß die Eier und Gurkenstückchen vorsichtig unterheben und sofort servieren.

SALATE

WARMER ACKERBOHNENSALAT MIT FETA

Dieses Rezept orientiert sich an nahöstlichen Vorbildern und schmeckt warm oder kalt als Vorspeise oder Beilage zum Hauptgericht vorzüglich.

900 g frische Ackerbohnen, ausgelöst, oder 350 g TK-Ware
4 EL Olivenöl
175 g Eiertomaten, halbiert, große Exemplare ggf. geviertelt
4 Knoblauchzehen, zerdrückt
115 g fester Schafskäse, in Stücke geschnitten
3 EL frischer Dill, gehackt
12 schwarze Oliven
Salz und schwarzer Pfeffer
Frischer Dill, gehackt, zum Garnieren

4–6 PORTIONEN

[1] Die Bohnenkerne in Salzwasser knapp bißfest kochen. Abgießen und beiseite stellen.

[2] Währenddessen Tomaten und Knoblauch in einer Pfanne in Öl anbraten. Weiterdünsten, bis die Tomaten sich zu verfärben beginnen.

[3] Den Schafskäse zugeben und 1 Minute unter ständigem Rühren mitbraten. Die Bohnenkerne, Dill, Oliven sowie Salz und Pfeffer zugeben. Mit Dill bestreut servieren.

SALAT MIT HALLOUMI UND WEINTRAUBEN

In Griechenland wird der feste, salzige Halloumi-Käse gebraten zum Frühstück gegessen. Hier wird er mit saftig-süßen Weintrauben kombiniert, die seine Würze gut unterstreichen.

FÜR DAS DRESSING
4 EL Olivenöl
1 EL Zitronensaft
½ TL Zucker
Salz und schwarzer Pfeffer
1 EL frischer Thymian oder Dill, gehackt

FÜR DEN SALAT
150 g grüner Blattsalat
75 g kernlose grüne Weintrauben
75 g kernlose blaue Trauben
250 g Halloumi-Käse
3 EL Olivenöl
Frische Thymianblättchen oder Dill

4 PORTIONEN

[1] Für das Dressing Olivenöl mit Zitronensaft und Zucker verrühren. Würzen. Den Thymian oder Dill einrühren und beiseite stellen.

[2] Die Salatblätter mit den Weintrauben vermischen und auf einer großen Platte anrichten.

[3] Den Käse in dünne Scheiben schneiden. Das Öl in einer Pfanne erhitzen und den Käse darin anbraten, bis die eine Seite goldgelb ist. Den Käse wenden und auch auf der anderen Seite braten.

[4] Den Käse auf dem Salat anrichten. Dressing darüber gießen und mit Thymian oder Dill servieren.

SALATE

SALADE NIÇOISE

Dieser berühmte Salat kann gut als leichtes Mittag- oder Abendessen an einem Sommertag serviert werden. Dazu passen knuspriges Baguette und gut gekühlter Weißwein.

FÜR DAS DRESSING
6 EL kaltgepreßtes Olivenöl
2 Knoblauchzehen, zerdrückt
1 EL Weißweinessig
Salz und schwarzer Pfeffer

FÜR DEN SALAT
115 g grüne Bohnen, geputzt
115 g gemischter Blattsalat
½ Gurke, in Scheiben geschnitten
4 reife Tomaten, in Viertel geschnitten
200 g Thunfisch in Öl (Konserve)
50 g Sardellen (Konserve), abgetropft
4 hartgekochte Eier
½ Bund Radieschen, geputzt
50 g kleine schwarze Oliven
Glattblättrige Petersilie

4 PORTIONEN

1 Für das Dressing Öl, Knoblauch und Essig verrühren und mit Salz und Pfeffer abschmecken.

2 Die grünen Bohnen halbieren und in kochendem Wasser 2 Minuten knapp bißfest kochen. Abschütten und abkühlen lassen.

3 Salatblätter, Gurke, Tomaten und Bohnen in einer flachen Schüssel vermengen. Den Thunfisch auseinanderzupfen, die Sardellen längs halbieren und die Eier vierteln.

4 Radieschen, Thunfisch, Sardellen, Eier und Oliven auf den Salat legen, das Dressing darüber gießen und alles kurz vermengen. Mit Petersilie bestreut servieren.

SALATE

Spanischer Spargel-Orangensalat

In Spanien findet man selten komplizierte Salatdressings. Meist läßt man einfach das herrliche Olivenöl für sich sprechen.

225 g grüner Spargel, geputzt und in 5 cm lange Stücke geschnitten
2 große Orangen
2 aromatische Tomaten, geachtelt
50 g Römersalat, in Streifen geschnitten
2 EL kaltgepreßtes Olivenöl
½ TL Sherryessig
Salz und schwarzer Pfeffer aus der Mühle

4 Portionen

So geht's besser
Anstelle von Römersalat kann man auch Eisbergsalat verwenden.

1 Den Spargel 3–4 Minuten in Salzwasser knapp bißfest kochen, abschütten und mit kaltem Wasser abschrecken.

2 Die Schale einer halben Orange abreiben und beiseite stellen. Die Orangen schälen und filetieren. Den Saft aus den Resten ausdrücken und aufbewahren.

3 Spargel, Orangenfilets, Tomaten und Salatblätter in einer Salatschüssel anrichten. Öl und Essig verrühren und 1 EL von dem Orangensaft sowie 1 TL der abgeriebenen Schale dazugeben (links). Abschmecken, unmittelbar vor dem Servieren über den Salat geben und die Zutaten damit kurz überziehen.

SALATE

ARTISCHOCKEN UND BOHNEN MIT VINAIGRETTE

Wie die französische Vinaigrette gibt es auch das spanische Pendant in unzähligen Variationen. Diese Version ist kräftig geknofelt und paßt gut zu den frisch gekochten Artischocken und Bohnen.

FÜR DIE VINAIGRETTE
6 große Knoblauchzehen
2 TL Weißweinessig
250 ml Olivenöl
Salz und schwarzer Pfeffer

FÜR DEN SALAT
225 g grüne Bohnen
3 kleine Artischocken
1 EL Olivenöl
Zitronenzesten
Grobes Salz zum Bestreuen
Zitronenspalten zum Garnieren

4–6 PORTIONEN

1 Für die Vinaigrette Knoblauch mit Essig im Mixer pürieren. Nach und nach das Olivenöl zugeben, bis die Masse dicklich wird. (Alternativ kann man auch den Knoblauch zerdrücken und zum Essig geben und von Hand mit dem Öl verschlagen.) Nach Geschmack salzen und pfeffern.

2 Für den Salat die Bohnen 1–2 Minuten in Salzwasser blanchieren, bis sie knapp bißfest sind. Abschütten.

3 Die Artischockenstiele kurz unter dem Boden abschneiden. Die Artischocken in viel Salzwasser rund 30 Minuten kochen, bis man mühelos ein Außenblatt abziehen kann. Gründlich abtropfen lassen.

4 Die Artischocken längs halbieren und das Heu mit einem Teelöffel herauslösen.

5 Artischocken und Bohnen auf Tellern anrichten, mit dem Öl beträufeln und mit Meersalz und Pfeffer bestreuen. Die Vinaigrette in die Artischocken füllen und mit Zitronenspalten garniert warm servieren. Die Artischocken ißt man so: Die Blätter einzeln von der Basis abziehen und in die Sauce tunken. Eßbar sind nur das Fruchtfleisch am Blattansatz und der weiche Boden, das ›Herz‹.

SO GEHT'S BESSER
Mit etwas Glück gibt es die echten Baby-Artischocken zu kaufen, die sich für diesen Salat wunderbar eignen, da sie im ganzen verzehrt werden können. Bißfest kochen und halbieren. Notfalls kann man anstelle frischer Ware auch Artischockenherzen aus der Dose nehmen, die abgetropft in Scheiben geschnitten werden.

SALATE

103

SALATE

SALAT VON ACKERBOHNEN, PILZEN UND CHORIZO

Ackerbohnen werden in den Mittelmeerländern sowohl frisch als auch getrocknet verwendet. Dieser spanische Salat kann als Vorspeise oder als leichtes Mittagessen dienen.

225 ausgelöste Ackerbohnen
175 g Chorizo-Wurst
4 EL kaltgepreßtes Olivenöl
225 g Crème-Champignons, blättrig geschnitten
Etwas Schnittlauch
Salz und schwarzer Pfeffer

4 PORTIONEN

1 Die Ackerbohnen rund 7–8 Minuten in Salzwasser kochen, abschütten und mit kaltem Wasser abschrecken.

2 Die Würste pellen und in Stücke schneiden. Das Öl in einer Pfanne erhitzen und die Wurst darin 2–3 Minuten anbraten. Chorizo und Öl zu den Pilzen geben und gründlich vermengen. Abkühlen lassen. Die Hälfte des Schnittlauchs hacken. Sind die Bohnen sehr groß, die zähe Haut abziehen. Bohnen und Schnittlauchröllchen mit den Pilzen vermischen und abschmecken. Bei Zimmertemperatur mit dem restlichen Schnittlauch bestreut servieren.

AVOCADO-ORANGENSALAT MIT MANDELN

Das Mittelmeergebiet gehört zwar nicht zu den großen Avocado-Erzeugern, doch gedeihen sie im milden Klima sehr gut und werden in vielen Gegenden angebaut. Dieser Salat hat spanische Vorbilder.

2 Orangen
2 aromatische Tomaten
2 kleine Avocados
4 EL kaltgepreßtes Olivenöl
2 EL Zitronensaft
1 EL frische Petersilie, gehackt
1 kleine Zwiebel, in Ringe geschnitten
Salz und schwarzer Pfeffer aus der Mühle
25 g Mandelblättchen und 10–12 schwarze Oliven zum Garnieren

4 PORTIONEN

1 Die Orangen schälen und in dicke Scheiben schneiden. Die Tomaten 30 Sekunden in kochendes Wasser legen und mit kaltem Wasser abschrecken. Häuten und vierteln, entkernen und grob hacken.

2 Die Avocados halbieren, entsteinen und vorsichtig schälen. In Stücke schneiden.

3 Olivenöl, Zitronensaft und Petersilie verrühren und abschmecken. Avocados und Tomaten in der Hälfte des Dressings wenden.

4 Die Orangenscheiben auf einer Platte anrichten. Zwiebelringe, Avocados, Tomaten, Mandelblättchen und Oliven darauf legen und mit dem restlichen Dressing beträufeln.

Fisch und Meeresfrüchte

Die köstlichen Fische und Schaltiere des Mittelmeers werden meist schlicht gegrillt oder gebraten. Oft bilden sie auch die Grundlage für wundervolle Suppen und Eintöpfe.

FISCH UND MEERESFRÜCHTE

Im Vergleich zu den Ozeanen der Welt ist das Mittelmeer geradezu winzig und überdies relativ flach, warm, nährstoffarm und arg verschmutzt. Trotz alledem gibt es dort Hunderte verschiedener Fischarten, Schal- und Krustentiere, die weit über die Region hinaus in den Handel kommen. Wenn man einen großen Fischmarkt in irgend einem Mittelmeerland besucht, staunt man über die Vielfalt der Fischarten, von denen uns viele völlig unbekannt sind. Die Bevölkerung, die ja zum guten Teil selbst aus Fischern besteht, weiß natürlich eine Menge damit anzufangen!

OBEN: Kretische Fischer bringen ihren Fang fertig eingesalzen nach Hause.

LINKS: Glücklich heimgekehrt, liegt das kretische Fischerboot sicher vertäut im spiegelglatten Meer.

Ein Besuch in einem Restaurant, einer Bar oder Taverne beweist, daß es wohl kaum etwas Köstlicheres gibt als einfach zubereiteten fangfrischen Fisch. Wer schon einmal eine Schüssel mit dampfenden, nach Knoblauch duftenden Miesmuscheln oder mit Knoblauch und Olivenöl überzogene Crevetten serviert bekam, weiß, was gemeint ist. Absolut frischer Fisch vom Grill, nur mit Olivenöl eingepinselt und mit Knoblauch und Kräutern bestreut, braucht keinerlei Garnituren, außer vielleicht ein bißchen Salat und ein kühles Glas Weißwein.

Etwas komplizierter sind die typisch mediterranen Fischragouts. Dazu gart man verschiedene Fischsorten wie Seeaal, Knurrhahn, Heringskönig, Seeteufel, Barsch, Brasse und Rotbarbe mit Safran, Kräutern, Knoblauch und Orangenschale in einem intensiv gewürzten Fond, der aus den Fischabfällen gekocht wird. Die französische *bourride* und der italienische *brodetto* sind typische Beispiele hierfür, es finden sich jedoch überall diverse Abwandlungen.

FISCH UND MEERESFRÜCHTE

OBEN: *Ein marokkanischer Koch fädelt mit viel Geduld Kebab-Spieße für eine ganze Familie auf.*

Kleine Fettfische gedeihen gut im warmen Mittelmeer, und die Sardinen, die in den Cafés und Tavernen am Mittelmeer frisch gegrillt auf den Tisch kommen, sind und bleiben unerreicht. Sardinen und große Sardellen werden auch mit einer säuerlichen Mischung von Kapern, Oliven, Pinienkernen, Zitronen und Dörrobst gefüllt, die den Geschmack der Fische angenehm ergänzen. Interessante Zubereitungsarten sind auch die gebratenen, in Olivenöl und Essig eingelegten Sardinen oder die köstliche Sardinen mit frischen Kräutern auf Spaghetti oder Makkaroni.

In einem leichten Teig ausgebackener Fisch ist ebenfalls eine mediterrane Spezialität. Aus Italien kennt man *fritto misto* als Mischung von Fischen und Meeresfrüchten wie Miesmuscheln, Kalmaren, Rotbarben, Crevetten und Sprotten, die in einer knusprigen Hülle fritiert werden. Man serviert *fritto misto* heiß als leichten Imbiß oder als Vorspeise, oft mit *gremolata* bestreut (einer Mischung von Knoblauch, Petersilie und Zitronenschale) oder einfach mit Zitronensaft beträufelt. Auch die Spanier bereiten Fisch nach dieser Art zu; am einfachsten werden Fische in gewürztem Mehl gewendet und in Olivenöl gebraten.

Angesichts des sagenhaft frischen Angebots verwundert es, daß in manchen Regionen am Mittelmeer ausgerechnet Stockfisch so beliebt ist, jene ledrig-harten Kabeljaufilets, die auf den meisten Märkten massenhaft angeboten werden. Spanier und Portugiesen fingen Kabaljau früher im Atlantik, salzten und trockneten ihn in der Sonne, um ihn haltbar zu machen. Die gelblich-grauen Platten, früher Inbegriff von Armen- oder Fastenspeisen, gelten heute als luxuriöse Delikatesse. Die berühmteste Zubereitungsart dürfte die französische *brandade* sein, ein geschmeidiges Stockfischpüree mit Knoblauch und Olivenöl.

Im Osten werden in etwa die gleichen Fische gegessen, wenn auch etwas anders zubereitet. Meist werden die Fische hier im ganzen gebacken, oft auf einem Bett aus Tomaten, Zitronen, Zwiebeln, Kräutern und manchmal mit süßlichen und pikanten Aromen wie Rosinen und Zimt: So z. B. die beliebte *plaki*-Sauce, die sich für Meeräschen, Meerbrassen und Wolfsbarsche gut eignet, da die Fische sich mit den wundervollen Aromen der Sauce regelrecht vollsaugen. Im Nahen Osten und Nordafrika liebt man Fischgerichte gerade wegen der dazugehörigen Saucen, während die Fischsorten von der Ausbeute des Fischers abhängen. Eine klassische Sauce ist zum Beispiel eine Mischung aus *tahini* mit Olivenöl und Zitronensaft.

Tintenfische spielen in der Mittelmeerküche eine große Rolle. Kleine Kalmare werden meist mit Knoblauch und Kräutern in Olivenöl gebraten angeboten, die größeren füllt man mit diversen typisch mediterranen Leckereien. Die größeren Oktopusse sind vor allem am östlichen Mittelmeer sehr beliebt, dort mag man sie besonders gern in Rotwein geschmort oder als Salat.

FISCH UND MEERESFRÜCHTE

ROTBARBEN MIT BASILIKUM UND ZITRUSFRÜCHTEN

Rotbarben sind überall am Mittelmeer sehr beliebt. Dieses italienische Rezept kombiniert die Fische mit Orangen und Zitronen, die man dort praktisch vor der Haustür pflücken kann.

4 Rotbarben, je etwa 225 g, filetiert
6 EL Olivenöl
10 Pfefferkörner, zerdrückt
2 Orangen, eine geschält und in Scheiben geschnitten, eine ausgepreßt
1 Zitrone
2 EL Mehl
1 EL Butter
2 Sardellen (Konserve), gehackt
4 EL frisches Basilikum, in feine Streifen geschnitten
Salz und schwarzer Pfeffer aus der Mühle

4 PORTIONEN

1 Die Fischfilets nebeneinander in eine flache feuerfeste Form legen. Mit Olivenöl begießen und mit Pfeffer bestreuen. Die Orangenscheiben auf den Fisch legen und zugedeckt im Kühlschrank mindestens 4 Stunden marinieren.

2 Die Zitrone halbieren. Eine Hälfte mit einem scharfen Messer schälen, enthäuten und in feine Scheiben schneiden. Die andere Hälfte auspressen.

SO GEHT'S BESSER
Sie können für dieses Rezept auch andere Fische nehmen, etwa Seezunge, Schellfisch oder Seehecht.

3 Den Fisch aus der Marinade nehmen und mit Küchenpapier trockentupfen. Marinade beiseite stellen. Den Fisch mit Salz und Pfeffer würzen und kurz in Mehl wenden.

4 In einer Pfanne 3 EL der Marinade erhitzen. Den Fisch darin von jeder Seite 2 Minuten anbraten. Aus der Pfanne nehmen und warm stellen. Die Marinade aus der Pfanne wegschütten.

5 Die Butter erhitzen, mit der restlichen Marinade verrühren und darin die Sardellen weich braten.

6 Den Orangensaft und den Zitronensaft angießen und abschmecken. Etwas einkochen lassen, dann das Basilikum unterziehen. Die Sauce über den Fisch gießen und mit den Orangen- und Zitronenscheiben garnieren.

FISCH UND MEERESFRÜCHTE

RISOTTO MIT MEERESFRÜCHTEN

Risotto ist das bekannteste italienische Reisgericht und wird mit vielen Zutaten – von Kalmartinte bis Kürbis – zubereitet. In den Küstengebieten nimmt man natürlich meist Meeresfrüchte.

4 EL Sonnenblumenöl
1 Zwiebel, gehackt
2 Knoblauchzehen, zerdrückt
225 g Arborio-Reis
7 EL Weißwein
1,5 l heiße Fischbrühe
350 g gemischte Meeresfrüchte, z. B. rohe Crevetten, Miesmuscheln, Tintenfischringe oder Venusmuscheln
Abgeriebene Schale von ½ Zitrone
2 EL Tomatenmark
1 EL frische Petersilie, gehackt
Salz und schwarzer Pfeffer

4 Portionen

1 Öl in einer schweren Pfanne erhitzen und darin Zwiebeln und Knoblauch glasig werden lassen. Den Reis hinzugeben und mit dem Öl überziehen. Den Wein angießen und bei mäßiger Hitze ein paar Minuten unter Rühren verdampfen lassen.

2 Von der heißen Brühe 150 ml zugeben und unter ständigem Rühren verdampfen lassen. Den Vorgang mehrfach mit jeweils rund 150 ml Brühe wiederholen, bis die Hälfte der Brühe verbraucht ist. Das dauert etwa 10 Minuten.

3 Die Meeresfrüchte unterheben und 2–3 Minuten mitgaren. Die restliche Brühe wie zuvor portionsweise zugeben, bis der Reis cremig, aber noch *al dente* ist.

4 Zitronenschale, Tomatenmark und Petersilie unterziehen. Abschmecken und sofort heiß servieren.

SCAMPI-SPIESSE

Die ebenso simplen wie köstlichen Häppchen sind eine Spezialität der italienischen Küste bei Amalfi.

900 g rohe Scampi, geschält
4 EL Olivenöl
3 EL Pflanzenöl
75 g sehr feines Paniermehl
1 Knoblauchzehe, zerdrückt
1 EL frische Petersilie, gehackt
Salz und schwarzer Pfeffer
Zitronenspalten zum Garnieren

4 Portionen

1 Die Scampi am Rücken einschneiden und den Darm entfernen. In kaltem Wasser waschen.

2 Das Oliven- und Pflanzenöl in einer großen Schüssel verrühren und die Scampi darin wenden. Paniermehl, Knoblauch, Petersilie, Salz und Pfeffer zugeben und gründlich vermengen, so daß die Scampi gleichmäßig mit dem Paniermehl überzogen sind. Zugedeckt 1 Stunde ziehen lassen.

3 Die Scampi zusammengerollt auf Metall- oder Holzspieße fädeln, dabei soll das Schwanzende in der Mitte liegen.

4 Den Grill vorheizen. Die Spieße etwa 2 Minuten von jeder Seite grillen, bis die Kruste goldgelb und knusprig ist. Mit Zitronenspalten servieren.

FISCH UND MEERESFRÜCHTE

SCHWARZE NUDELN MIT TINTENFISCH

*Mit Kalmartinte gefärbte Tagliatelle sehen interessant aus und schmecken wunderbar nach Meer.
Sie finden sie in gut sortierten italienischen Lebensmittelläden.*

7 EL Olivenöl
2 Schalotten, gehackt
3 Knoblauchzehen, zerdrückt
3 EL frische Petersilie, gehackt
675 g ausgenommene Kalmare, in Ringe geschnitten
150 ml trockener Weißwein
400-g-Dose gehackte Tomaten
½ TL getrocknete Chiliflocken
450 g schwarze Tagliatelle
Salz und schwarzer Pfeffer aus der Mühle

4 PORTIONEN

[1] Das Öl in einem Topf erhitzen und die Schalotten und den Knoblauch darin glasig werden lassen. 2 EL Petersilie unterrühren, die Kalmare hineingeben und wieder umrühren. 3–4 Minuten braten, dann den Wein angießen.

[2] Aufkochen, die Tomaten und Chiliflocken zugeben und mit Salz und Pfeffer würzen. Zugedeckt etwa 1 Stunde köcheln lassen, bis die Kalmare gar sind, bei Bedarf etwas mehr Wasser angießen.

[3] Die Nudeln nach den Anweisungen auf der Packung in reichlich Salzwasser *al dente* kochen. Abschütten und in den Topf zurückgeben. Die Sauce dazugießen und gründlich vermengen. Sofort servieren, dabei jede Portion mit Petersilie bestreuen.

FISCH UND MEERESFRÜCHTE

SIZILIANISCHE SPAGHETTI MIT SARDINEN

Ein traditionelles Gericht aus Sizilien, doch die Zutaten sind aus vielen Mittelmeerländern bekannt.

12 frische Sardinen, entgrätet und gesäubert
250 ml Olivenöl
1 Zwiebel, gehackt
25 g Dillspitzen
50 g Pinienkerne
25 g Rosinen, gewässert
50 g frische Brotkrumen
450 g Spaghetti
Mehl zum Bestäuben

4 PORTIONEN

1 Die Sardinen waschen und mit Küchenpapier trockentupfen. Flach ausbreiten und längs halbieren.

2 2 EL Öl in einer Pfanne erhitzen und darin die Zwiebel goldgelb braten. Den Dill zugeben und ein bis zwei Minuten sachte mitdünsten. Die Pinienkerne und Rosinen zugeben und salzen. Die Brotkrumen in einer Pfanne ohne Fettzugabe knusprig rösten und beiseite stellen.

3 Die Spaghetti nach den Anweisungen auf der Packung in reichlich Salzwasser *al dente* kochen. Das restliche Öl in einem Topf erhitzen. Die Sardinen mit Mehl bestäuben und 2–3 Minuten in dem Öl braten. Auf Küchenpapier abtropfen lassen.

4 Die Spaghetti abschütten und in den Topf zurückgeben. Die Zwiebeln hinzufügen und gründlich vermengen. Die Nudeln in einer Schüssel anrichten und die gebratenen Sardinen darauf legen. Mit den gerösteten Brotkrumen bestreut sofort servieren.

115

FISCH UND MEERESFRÜCHTE

RIESENGARNELEN MIT ROMESCO-SAUCE

Die Sauce stammt aus der spanischen Provinz Katalonien und wird traditionell zu Fischen und Meeresfrüchten gereicht. Hauptzutaten sind frische Paprika, Tomaten, Knoblauch und Mandeln.

24 rohe Riesengarnelen (Gamberoni)
2–3 EL Olivenöl
Zitrone und glattblättrige Petersilie
Zitronenspalten

FÜR DIE SAUCE
2 aromatische Tomaten
4 EL Olivenöl
1 Zwiebel, gehackt
4 Knoblauchzehen, gehackt
1 Pimientoschote (Konserve), gehackt
½ TL getrocknete Chiliflocken
5 EL Fischbrühe
2 EL Weißwein
10 blanchierte Mandeln
1 EL Rotweinessig
Salz

4 PORTIONEN

1 Für die Sauce die Tomaten 30 Sekunden in kochendes Wasser tauchen und mit kaltem Wasser abschrecken. Enthäuten und grob hacken.

2 2 EL Öl in einem Topf erhitzen und darin die Zwiebel und 3 Knoblauchzehen weichbraten. Die Pimiento, Tomaten, Chili, Fischbrühe und Wein zugeben und zugedeckt 30 Minuten ziehen lassen.

3 Die Mandeln unter dem Grill braun rösten. Im Mixer oder in der Küchenmaschine grob hacken. Die restlichen 2 EL Öl, den Essig und die vierte Knoblauchzehe zugeben und alles gleichmäßig pürieren. Die Tomaten-Pimientosauce dazugeben und mixen, bis die Masse glatt und geschmeidig ist. Salzen.

4 Die Köpfe der Riesengarnelen abschneiden, die Schwänze jedoch nicht schälen. Mit einem scharfen Messer den Rücken einschneiden und den Darm herauslösen. Waschen und mit Küchenpapier trockentupfen. Den Grill vorheizen. Die Riesengarnelen in Olivenöl wenden und etwa 2–3 Minuten auf jeder Seite grillen, bis sie rosa sind. Auf einer Platte mit Zitronenspalten anrichten, mit Petersilie bestreuen und die Sauce in einem Schälchen dazu reichen.

FISCH UND MEERESFRÜCHTE

GEGRILLTER WOLFSBARSCH MIT FENCHEL

*Dieses Gericht steht in praktisch jedem Fischrestaurant der Côte d'Azur auf der Speisekarte.
Der Fenchel sorgt für eine interessante Geschmacksnote.*

*1 Wolfsbarsch von rund 1,75 kg,
ausgenommen und gesäubert
4–6 EL Olivenöl
2–3 TL Fenchelsamen
2 große Fenchelknollen, geputzt und
in dünne Scheiben geschnitten (das
Grün aufbewahren)
4 EL Pernod
Salz und schwarzer Pfeffer aus der
Mühle*

6–8 PORTIONEN

[1] Mit einem scharfen Messer den Fisch an beiden Seiten dreimal tief einschneiden. Mit Öl einpinseln und mit Salz und Pfeffer würzen. In die Bauchhöhle und in die Einschnitte Fenchelsamen reiben. Beiseite stellen.

[2] Den Grill vorheizen. Den Fenchel in eine feuerfeste Form legen und mit Öl bepinseln. Von jeder Seite 4 Minuten grillen und auf eine große Platte legen.

[3] Den Fisch auf den eingeölten Grillrost legen und mit etwa 10 cm Abstand von jeder Seite 10–12 Minuten grillen, dabei gelegentlich mit Öl bepinseln.

[4] Den Fisch auf den Fenchel legen, mit Fenchelgrün garnieren. Den Pernod in einem Topf erhitzen, anzünden und brennend über den Fisch gießen. Sofort servieren.

FISCH UND MEERESFRÜCHTE

BRANDADE DE MORUE

Bei diesem berühmten südfranzösischen Rezept wird Stockfisch mit Knoblauch und Olivenöl zu einem feinen Püree verarbeitet.

675 g Stockfisch
300 ml Olivenöl
250 ml Milch
1 Knoblauchzehe, zerdrückt
Geriebene Muskatnuß
Zitronensaft nach Belieben
Weißer Pfeffer

FÜR DIE CROÛTONS
50 ml Olivenöl
6 Scheiben Weißbrot ohne Rinde
1 Knoblauchzehe, halbiert
Petersilie zum Garnieren

6 PORTIONEN

1. Den Stockfisch 24 Stunden in kaltem Wasser einweichen, dabei das Wasser mehrfach erneuern. Abtropfen lassen.

2. Für die Croûtons das Öl in einer Pfanne erhitzen. Die Brotscheiben diagonal halbieren und goldgelb braten. Auf Küchenpapier beidseitig mit Knoblauch einreiben.

3. Den Stockfisch in einen Topf geben und mit Wasser bedeckt zum Kochen bringen. 8–10 Minuten köcheln lassen, bis der Fisch gerade weich wird. Abschütten, erkalten lassen und den Fisch filetieren.

4. Das Öl in einem Topf sehr heiß werden lassen, in einem zweiten die Milch aufkochen. Den Fisch im Mixer pürieren und bei laufendem Motor nach und nach zunächst das heiße Öl und dann die Milch angießen, bis die Masse glatt und fest ist. In eine Schüssel füllen und den Knoblauch unterziehen. Mit Muskatnuß, Zitronensaft und weißem Pfeffer würzen. Die Brandade abkühlen lassen und bis zum Servieren kalt stellen.

5. Die Brandade in eine flache Servierschüssel füllen und mit den Croûtons anrichten. Mit Petersilie bestreut gut gekühlt servieren.

FISCH UND MEERESFRÜCHTE

MEDITERRANER MUSCHELTOPF

Dieser Muscheltopf entspricht in etwa den französischen Moules marinière, ist jedoch zusätzlich mit Fenchel und mildem Curry aromatisiert. Traditionell werden die Muscheln ausgelöst und in Jakobsmuschelschalen gefüllt, man kann sie jedoch genauso gut in ihren Schalen belassen.

1,75 kg frische Miesmuscheln
250 ml trockener Weißwein
Eine großzügige Prise Muskatnuß
3 Thymianzweige
2 Lorbeerblätter
1 kleine Zwiebel, fein gehackt
50 g Butter
1 Fenchelknolle, in feine Scheiben geschnitten
4 Knoblauchzehen, zerdrückt
½ TL Currypaste oder -pulver
2 EL Mehl
150 ml Schlagsahne
Schwarzer Pfeffer aus der Mühle
Frischer Dill, gehackt, zum Garnieren

6 PORTIONEN

1 Die Muscheln bürsten, beschädigte Muscheln und solche, die offen bleiben, wenn man mit einem Messer darauf klopft, wegwerfen.

2 Wein, Muskatnuß, Thymian, Lorbeer und Zwiebeln in einem großen Topf bis knapp unter dem Siedepunkt erhitzen. Die Muscheln darin zugedeckt 4–5 Minuten kochen, bis sie sich geöffnet haben.

3 Die Muscheln herausheben, geschlossene wegwerfen. Die Kochflüssigkeit aufbewahren.

4 Die Butter auf kleiner Flamme in einem großen Topf zerlassen und darin Fenchel und Knoblauch 5 Minuten andünsten.

5 Curry und Mehl einrühren und 1 Minute anschwitzen. Vom Feuer nehmen und nach und nach die Kochflüssigkeit angießen. Wieder auf die Flamme stellen und 2 Minuten unter Rühren weiterkochen.

6 Sahne mit etwas Pfeffer unterziehen. Die Muscheln in den Topf geben und 2 Minuten durchwärmen. Mit Dill garniert servieren.

VARIANTE
Safran statt Curry gibt dem Muscheltopf ein milderes Aroma. ½ TL Safranfäden mit kochendem Wasser überbrühen und wie Curry verwenden.

FISCH UND MEERESFRÜCHTE

FISCH UND MEERESFRÜCHTE

OKTOPUS IN ROTWEINSAUCE

Für dieses griechische Gericht kaufen Sie am besten küchenfertig vorbereiteten Oktopus.

900 g Oktopus
450 g Zwiebeln, in Ringe geschnitten
2 Lorbeerblätter
450 g reife Tomaten
4 EL Olivenöl
4 Knoblauchzehen, zerdrückt
1 TL Zucker
1 EL frischer Oregano oder Rosmarin
2 EL frische Petersilie, gehackt
150 ml Rotwein
2 EL Rotweinessig
Frische Kräuter zum Garnieren
Dazu passen ofenwarmes Brot und Pinienkerne

4 PORTIONEN

1 Den Oktopus in einen Topf mit köchelndem Wasser legen und ein Viertel der Zwiebeln sowie die Lorbeerblätter zugeben. 1 Stunde lang sanft köcheln lassen.

2 Die Tomaten 30 Sekunden in kochendes Wasser tauchen, mit kaltem Wasser abschrecken, enthäuten und grob hacken.

3 Den Oktopus abschütten und mit einem scharfen Messer zerteilen. Den Mundteil wegwerfen.

4 Das Öl in einem Topf erhitzen und die Oktopusstücke zusammen mit den restlichen Zwiebeln und dem Knoblauch 3 Minuten anbraten. Tomaten, Zucker, Oregano bzw. Rosmarin, Petersilie, Wein und Essig zugeben und unter Rühren 5 Minuten kochen, bis die Masse sämig wird.

5 Zudecken und bei geringer Temperatur 1½ Stunden kochen, bis die Sauce eingedickt und der Oktopus weich ist. Mit frischen Kräutern bestreut servieren, dazu viel ofenwarmes Brot und Pinienkerne zum Darüberstreuen reichen.

FISCH UND MEERESFRÜCHTE

THUNFISCH-TOMATENRAGOUT

*Für dieses wunderbar einfache und doch delikate Gericht sind die besten Zutaten gerade gut genug.
Als original italienische Beilagen reicht man Polenta oder Nudeln.*

12 kleine Zwiebeln, gepellt
900 g reife Tomaten
675 g frischer Thunfisch
3 EL Olivenöl
2 Knoblauchzehen, zerdrückt
3 EL frische Kräuter, gehackt
2 Lorbeerblätter
½ TL Zucker
2 EL Tomatenmark
150 ml trockener Weißwein
Salz und schwarzer Pfeffer aus der Mühle
Mini-Zucchini und frische Kräuter

4 PORTIONEN

VARIANTE

Makrelen sind oft leichter erhältlich als frischer Thunfisch. Zwei große Exemplare filetieren und in Stücke schneiden oder einfach die Fische im ganzen in die Sauce legen und zugedeckt garen, bis sie knapp gar sind. Als Kräuter eignen sich Salbei, Rosmarin oder Oregano gleich gut, sei es einzeln oder als Mischung.

1 Die Zwiebeln im ganzen 4–5 Minuten in einem Topf mit Wasser weichkochen. Abschütten.

2 Die Tomaten 30 Sekunden in kochendes Wasser tauchen und mit kaltem Wasser abschrecken. Enthäuten und grob hacken.

3 Den Thunfisch in 2,5 cm große Stücke schneiden. Das Öl in einer Pfanne erhitzen und den Fisch darin anbräunen. Herausnehmen.

4 Zwiebeln, Knoblauch, Tomaten, gehackte Kräuter, Lorbeer, Zucker, Tomatenmark und Wein zugeben und aufkochen, dabei die Tomaten mit dem Löffel zerdrücken.

5 Temperatur herunterschalten und 5 Minuten ziehen lassen. Den Fisch wieder in die Pfanne geben und weitere 5 Minuten mitdünsten. Würzen und mit Mini-Zucchini und frischen Kräutern garniert servieren.

FISCH UND MEERESFRÜCHTE

BRODETTO

Jede Region Italiens kennt ihre eigene Variante dieses Rezepts, bei allen bildet jedoch eine gute Fischbrühe die Grundlage. Kaufen Sie einen Teil der Fische im ganzen. Die Fische kochen und anschließend von den Gräten lösen, die Brühe durchseihen und weiterverwenden.

900 g gemischte Fischfilets, z. B.
Seeteufel, Kabeljau, Schellfisch,
Heilbutt oder Seehecht
900 g Mischung von Seeaal,
Rotbarben oder Meeräschen,
Schnapper oder kleinen Weißfischen
1 Zwiebel, halbiert
1 Stange Staudensellerie, grob gehackt
225 g Kalmar oder Sepia
225 g frische Miesmuscheln
675 g reife Tomaten
4 EL Olivenöl
1 Zwiebel, in feine Ringe geschnitten
3 Knoblauchzehen, zerdrückt
1 TL Safranfäden
150 ml trockener Weißwein
6 EL frische Petersilie, gehackt
Salz und schwarzer Pfeffer
1 Baguette für die Croûtons

4–5 PORTIONEN

[1] Die Fischfilets parieren, in größere Stücke schneiden und beiseite stellen. Die Gräten und Haut mit den ganzen Fischen in einen großen Topf legen.

[2] Die halbierte Zwiebel und den Sellerie zugeben und das ganze knapp mit Wasser bedecken. Bis kurz unter dem Siedepunkt erhitzen und 30 Minuten sachte köcheln lassen. Den Fisch herausheben und auslösen. Die Brühe beiseite stellen.

[3] Von den Kalmaren Kopf und Tentakel abtrennen. Die Eingeweide wegwerfen und die Haut abziehen. Tentakel und Kopf waschen und mit Küchenpapier trockentupfen.

SO GEHT'S BESSER
Für die Croûtons dünne Scheiben von einem Baguette abschneiden und in etwas Butter knusprig braten.

[4] Die Muscheln bürsten, beschädigte Muscheln und die, die bei Beklopfen offen bleiben, aussondern.

[5] Die Tomaten 30 Sekunden in kochendes Wasser tauchen und mit kaltem Wasser abschrecken. Enthäuten und grob hacken.

[6] Das Öl in einem großen Topf erhitzen. Zwiebelringe und Knoblauch darin 3 Minuten andünsten. Die Kalmare und den beiseite gestellten rohen Fisch zugeben. Rasch von allen Seiten anbraten. Herausnehmen und abtropfen lassen.

[7] 475 ml der Fischbrühe angießen, Safran und Tomaten zugeben. Den Wein angießen und aufkochen, dann bei gringer Hitze etwa 5 Minuten köcheln lassen. Die Muscheln zugeben und zugedeckt 3–4 Minuten kochen, bis die Muscheln offen sind. Jetzt noch geschlossene Muscheln wegwerfen.

[8] Die Sauce mit Salz und Pfeffer würzen und die ganzen Fische in den Topf geben. Noch 5 Minuten köcheln lassen. Mit Petersilie bestreut servieren, dazu Croûtons reichen.

FISCH UND MEERESFRÜCHTE

GRATINIERTE SARDINEN

In Sizilien und anderen Regionen am westlichen Mittelmeer liebt man Sardinen mit einer würzigen Füllung, die sich gegen das kräftig-fette Aroma der Fische durchsetzen kann.

1 EL helles Olivenöl
½ kleine Zwiebel, fein gewürfelt
2 Knoblauchzehen, zerdrückt
6 EL blanchierte Mandeln, gehackt
2 EL Sultaninen, grob gehackt
10 schwarze Oliven, entsteint
2 EL Kapern, grob gehackt
2 EL frische Petersilie, grob gehackt
50 g Paniermehl
16 große Sardinen, geschuppt und ausgenommen
25 g geriebener Parmesan
Salz und schwarzer Pfeffer
Glattblättrige Petersilie

4 PORTIONEN

OBEN: *Brodetto und gratinierte Sardinen (unten).*

1 Den Backofen auf 200 °C vorheizen. Eine große, flache feuerfeste Form mit Öl einpinseln.

2 Das Öl in einer Pfanne erhitzen und Zwiebeln und Knoblauch darin 3 Minuten sachte anbraten. Mandeln, Sultaninen, Oliven, Kapern, Petersilie und 25 g Paniermehl dazugeben, leicht salzen und pfeffern.

3 Die Sardinen auf beiden Seiten zwei- bis dreimal tief einschneiden. Die Masse in die Bauchhöhlen füllen und die Sardinen in die vorbereitete Form legen.

4 Das restliche Paniermehl mit dem Käse mischen und auf den Fisch streuen. Rund 20 Minuten backen, bis der Fisch gar ist. Als Test mit einem scharfen Messer durch die dickste Stelle der Sardine stechen. Mit Petersilie garniert sofort servieren. Dazu paßt gut ein Blattsalat.

FISCH UND MEERESFRÜCHTE

ZARZUELA

Das spanische Wort bedeutet ›Operette‹, und schon allein deshalb sollte das Gericht auch möglichst bunt zusammengewürfelt und lustig aussehen. Zu den köstlichen Zutaten gehören Hummer und andere Krusten- und Schaltiere, die man je nach Anlaß und Marktangebot abwandeln kann.

1 vorgekochter Hummer
24 frische Mies- oder Venusmuscheln
1 großer Seeteufel ohne Kopf
225 g Kalmare, in Ringe geschnitten
1 EL Mehl
6 EL Olivenöl
12 rohe Crevetten
450 g reife Tomaten
2 Gemüsezwiebeln, gehackt
4 Knoblauchzehen, zerdrückt
2 EL Weinbrand
2 Lorbeerblätter
1 TL Paprikapulver
1 rote Chilischote, gehackt
300 ml Fischbrühe
2 EL gemahlene Mandeln
2 EL frische Petersilie, gehackt
Salz und schwarzer Pfeffer aus der Mühle

6 PORTIONEN

1 Den Hummer längs halbieren. Den schwarzen Darm, der an der Rückseite des Schwanzes verläuft, entfernen. Die Scheren mit einem Hammer aufbrechen.

2 Die Muscheln bürsten, beschädigte Muscheln und solche, die bei Beklopfen offen bleiben, aussondern. Die Seeteufelfilets von der Mittelgräte trennen und jeweils in drei Teile schneiden.

3 Seeteufel und Kalmare in gewürztem Mehl wenden. Das Öl in einer Pfanne erhitzen. Seeteufel und Kalmare darin anbraten. Herausnehmen, dann die Crevetten anbraten.

4 Die Tomaten 30 Sekunden in kochendes Wasser tauchen, mit kaltem Wasser abschrecken, enthäuten und grob hacken.

5 Die Zwiebeln und zwei Drittel des Knoblauchs in die Pfanne geben und 3 Minuten braten. Den Weinbrand angießen und anzünden. Sobald die Flammen in sich zusammensinken, die Tomaten, Lorbeer, Paprikapulver, Chili und Brühe zugeben.

6 Aufkochen und auf kleiner Flamme 5 Minuten köcheln lassen. Die Muscheln zugeben und zugedeckt 3–4 Minuten kochen, bis die Schalen sich geöffnet haben.

7 Die Muscheln aus der Sauce heben und geschlossene Exemplare wegwerfen.

8 Allen Fisch einschließlich des Hummers in eine große feuerfeste Form legen. Die Mandeln mit dem restlichen Knoblauch und der Petersilie zu einer Paste verrühren und in die Sauce mischen. Mit Salz und Pfeffer abschmecken.

9 Die Sauce über den Fisch und den Hummer gießen und etwa 5 Minuten erhitzen. Sofort mit Salat und ofenwarmem Brot servieren.

FISCH UND MEERESFRÜCHTE

FISCH UND MEERESFRÜCHTE

GEBACKENER FISCH MIT TAHINI

Für dieses nordafrikanische Gericht nehmen Sie einen beliebigen weißfleischigen Fisch, beispielsweise Wolfsbarsch, Seehecht, Meerbrasse oder Schnapper, und verarbeiten ihn im ganzen.

1 ganzer Fisch von gut 1 kg, geschuppt und gesäubert
2 TL Korianderkörner
4 Knoblauchzehen, in Scheiben
2 TL Harissa-Sauce
6 EL Olivenöl
6 Eiertomaten, in Scheiben
1 milde Zwiebel, in Ringen
1 frische oder 3 eingelegte Zitronen
Reichlich frische Kräuter, z. B. Lorbeer, Thymian und Rosmarin
Salz und schwarzer Pfeffer

FÜR DIE SAUCE
75 ml Tahini-Sauce
Saft von 1 Zitrone
1 Knoblauchzehe, zerdrückt
3 EL frische Petersilie oder Korianderblätter, fein gehackt
Kräuter zum Garnieren

4 PORTIONEN

1. Den Backofen auf 200 °C vorheizen. Boden und Seitenwände einer großen, flachen feuerfesten Form einfetten.

2. Den Fisch auf beiden Seiten mit einem scharfen Messer mehrmals einschneiden. Korianderkörner und Knoblauch im Mörser fein zerreiben, mit der Harissa-Sauce und etwa 4 EL Olivenöl verrühren.

3. Etwas von der Harissa-Koriander-Knoblauchpaste in die Bauchhöhle des Fisches streichen. Den Rest auf den Außenseiten verteilen und den Fisch beiseite stellen.

4. Tomaten, Zwiebeln und Zitronen in die Form legen (eine frische Zitrone in dünne Scheiben schneiden, eingelegte achteln). 2 EL Öl darüber träufeln, salzen und pfeffern. Den Fisch darauf legen und reichlich Kräuter ringsum verteilen.

5. Ohne Deckel rund 25 Minuten backen, bis der Fisch nicht mehr glänzt. Als Garprobe den Fisch an der dicksten Stelle einstechen.

6. In der Zwischenzeit die Sauce zubereiten. Tahini, Zitronensaft, Knoblauch und Petersilie bzw. Koriander in einem Topf mit 120 ml Wasser aufsetzen, salzen und pfeffern. Auf kleiner Flamme köcheln, bis die Zutaten gut vermischt sind. Separat zum Fisch reichen.

SO GEHT'S BESSER
Wenn Sie keinen ausreichend großen Fisch bekommen, nehmen Sie mehrere kleinere Fische, z. B. Rotbarben, oder notfalls sogar Kabeljau oder Schellfisch; in diesem Fall sollte die Garzeit aber etwas kürzer sein.

FISCH UND MEERESFRÜCHTE

GEFÜLLTER TINTENFISCH

Für diese griechische Delikatesse verwendet man am besten große Kalmare, da sie sich leichter füllen lassen. Wenn Sie nur kleine Exemplare bekommen, benötigen Sie etwa 450 Gramm.

FÜR DIE FÜLLUNG
2 EL Olivenöl
1 große Zwiebel, fein gehackt
2 Knoblauchzehen, zerdrückt
50 g frische Brotkrumen
4 EL frische Petersilie, gehackt
115 g Halloumi-Käse, gerieben
Salz und schwarzer Pfeffer

FÜR DIE SAUCE
4 Kalmare ohne Tentakel,
je etwa 18 cm lang
900 g reife Tomaten
3 EL Olivenöl
1 große Zwiebel, gehackt
1 TL Zucker
120 ml trockener Weißwein
Ein paar Rosmarinzweige
Geröstete Pinienkerne und
glattblättrige Petersilie zum Garnieren

4 PORTIONEN

[1] Für die Füllung das Öl in einer Pfanne erhitzen und die Zwiebeln darin 3 Minuten anbraten. Die Pfanne vom Feuer nehmen und Knoblauch, Brotkrumen, Petersilie, Käse, Salz und Pfeffer hineingeben und gründlich vermischen.

[2] Die Kalmare mit Küchenpapier trockentupfen und mit der Masse füllen, dazu eignet sich am besten ein Teelöffel. Die Öffnungen mit Zahnstochern zuheften.

VARIANTE
Wenn Sie die Füllung leichter mögen, lassen Sie die halbe Menge Käse und Brotkrumen weg und nehmen Sie statt dessen 225 g gekochten Spinat.

[3] Die Tomaten 30 Sekunden in kochendes Wasser tauchen, mit kaltem Wasser abschrecken, enthäuten und grob hacken.

[4] Das Öl in einer Pfanne erhitzen. Die Kalmare von allen Seiten anbräunen. Aus der Pfanne heben.

[5] Die Zwiebeln in der Pfanne 3 Minuten sachte köcheln lassen. Tomaten, Zucker und Wein zugeben und bei großer Hitze einkochen lassen.

[6] Die Kalmare wieder in die Pfanne legen, Rosmarin hinzufügen. Zugedeckt 30 Minuten köcheln lassen. Die Kalmare in Scheiben schneiden und als Einzelportionen mit der Sauce übergossen servieren. Mit Pinienkernen bestreuen und mit Petersilie garnieren.

FISCH UND MEERESFRÜCHTE

SEEHECHT MIT MUSCHELN IN SALSA VERDE

Seehecht ist wohl der beliebteste Fisch Spaniens. Bei diesem Rezept wird er in einer Petersilien-Zitronen-Knoblauchsauce gegart.

4 Seehecht-Koteletts, je 2 cm dick
50 g Mehl plus weitere 2 EL
4 EL Olivenöl
1 EL Zitronensaft
1 kleine Zwiebel, fein gehackt
4 Knoblauchzehen, zerdrückt
150 ml Fischbrühe
150 ml Weißwein
5 EL frische Petersilie, gehackt
75 g Erbsen (TK-Ware)
16 frische Venusmuscheln
Salz und schwarzer Pfeffer aus der Mühle

4 PORTIONEN

1. Den Backofen auf 180 °C vorheizen. Den Fisch salzen, pfeffern und auf beiden Seiten mit Mehl bestäuben. In einer großen Pfanne 2 EL von dem Öl erhitzen, den Fisch hineingeben und auf jeder Seite etwa 1 Minute braten. In eine feuerfeste Form legen und mit Zitronensaft beträufeln.

2. Die Pfanne auswischen und 2 EL Öl darin erhitzen. Zwiebeln und Knoblauch glasig braten. 2 EL Mehl einrühren und 1 Minute anschwitzen. Nach und nach unter ständigem Rühren Brühe und Wein angießen, bis die Sauce andickt. 5 EL von der Petersilie und die Erbsen dazugeben und abschmecken.

3. Die Sauce über den Fisch gießen und 15–20 Minuten im Ofen backen. 3–4 Minuten vor Ende der Garzeit die Venusmuscheln auf den Fisch legen. Muscheln, die sich nach dem Backen nicht geöffnet haben, wegwerfen. Den Fisch mit Petersilie bestreuen und servieren.

FISCH UND MEERESFRÜCHTE

KABELJAU MIT PLAKI

In Griechenland wird Fisch meist sehr schlicht zubereitet, in diesem Fall jedoch erfordert das Rezept ein bißchen mehr Aufwand. Der Fisch wird mit Zwiebeln und Tomaten zusammen gedünstet.

300 ml Olivenöl
2 Zwiebeln, in feine Ringe geschnitten
3 große aromatische Tomaten, grob gehackt
3 Knoblauchzehen, in feine Scheiben geschnitten
1 TL Zucker
1 TL frischer Dill, gehackt
1 TL frische Minze, gehackt
1 TL frisches Selleriegrün, gehackt
1 EL frische Petersilie, gehackt
6 Kabeljau-Koteletts
Saft von 1 Zitrone
Salz und schwarzer Pfeffer aus der Mühle
Dill, Minze oder Petersilie zum Garnieren

6 PORTIONEN

1 Das Öl in einer Pfanne oder feuerfesten Form erhitzen und die Zwiebeln darin hellgolden anbraten. Tomaten, Knoblauch, Zucker, Dill, Minze, Selleriegrün und Petersilie zugeben und 300 ml Wasser angießen. Abschmecken und ohne Deckel 25 Minuten köcheln lassen, bis die Flüssigkeit auf ein Drittel reduziert ist.

2 Die Fischkoteletts in der Pfanne 10–12 Minuten auf kleiner Flamme knapp gardünsten. Vom Feuer nehmen und den Zitronensaft zugeben (links). Bis zum Servieren 20 Minuten zugedeckt ruhen lassen. Den Fisch in einer Schüssel mit der Sauce begießen und mit Kräutern garnieren. Warm oder kalt servieren.

FLEISCH

Die Mittelmeerküche kennt delikate Gerichte aus dem zarten Fleisch junger Lämmer und Schweine. Vor allem Schmorgerichte in köstlichen Saucen gibt es in großer Fülle.

FLEISCH

OBEN: Dieses Bauernhaus in Umbrien überblickt den Lago Trasimeno.

Im Vergleich zu Gemüse und Fisch spielen Fleischgerichte in der Küche der Mittelmeerländer traditionell eher eine Nebenrolle. Die Landschaften rings ums Mittelmeer sind vielerorts karg und lassen die üppigen grünen Wiesen vermissen, die Vieh zum Weiden benötigt. Oft werden die Tiere jung geschlachtet, beispielsweise Milchlämmer und -ziegen. Früher wurden sie an Festtagen mit Wildkräutern gewürzt am Spieß gebraten. In den bäuerlichen Regionen des Mittelmeerraums wie etwa auf Korsika, in Griechenland und im Nahen Osten schätzt man besonders das zarte Fleisch junger Zicklein. Rinder sieht man selten, und in früheren Zeiten galt Rindfleisch sogar als Luxus. Viele Bauernfamilien hielten ein Schwein, dessen Fleisch für die kalten Wintermonate eingemacht wurde. Dadurch entstanden viele leckere Rezepte für trockene Würste in der Art von Salami und luftgetrockneten Schinken. Juden ebenso wie Moslems ist der Genuß von Schweinefleisch aus religiösen Gründen verboten, so daß aus diesen Ländern keine Schweinefleischgerichte bekannt sind. Dort ißt man traditionell ausschließlich Lamm und Hammel, wenn auch mittlerweile Rind- und Kalbfleisch zunehmend an Beliebtheit gewinnen. Die römisch-katholische und die griechisch-orthodoxe Kirche schrieben strenge Fastenzeiten vor, in denen kein Fleisch verzehrt werden durfte. Das Ende dieser ›mageren‹ Zeit wurde dann mit üppigen Fleischmahlzeiten gefeiert.

Weil die Tiere nicht ausreichend gefüttert wurden, war Fleisch früher oft von minderwertiger Qualität, das heißt zäh und faserig. Man behalf sich, indem man es in Wein oder Joghurt marinierte und lange Zeit auf kleiner Flamme schmorte. Dies ist der Ursprung vieler köstlicher Rezepte für Schmortöpfe und Ragouts. Aus Frankreich kennt man *daube*, aus Marokko *tagine*, aus Spanien *estufado* – jedes Land hat seine eigenen Versionen und seit Generationen überlieferten Rezepte. Da Fleisch sehr teuer war, wurde

FLEISCH

RECHTS: Dieser französische Schafhirte genießt einen prachtvollen Ausblick über die provençalische Landschaft.

UNTEN: Säcke voll von Gewürzen, Nüssen und Getreide laden auf einem tunesischen Markt zur Begutachtung ein.

es oft mit Hülsenfrüchten, Reis oder Kartoffeln ergänzt, damit alle satt werden konnten.

Eine weitere verbreitete Methode des Fleischgarens ist das Grillen. Oft fädelt man dazu Fleischstücke auf Spieße, manchmal einfach auf einen Rosmarin- oder Lorbeerzweig, und fügt Zwiebelstücke oder anderes Gemüse dazwischen ein. Durch den Rauch bekommt das Fleisch ein köstliches Aroma. In Griechenland und dem Nahen Osten beherrscht man diese Garmethode äußerst kunstvoll, und der Duft des über einem Holzfeuer brutzelnden Fleisches bringt bei vielen Urlaubserinnerungen zurück. Hackfleisch, das zu Bällchen und Würsten geformt, als Sauce zu Nudeln oder als Füllung für leckere Pasteten verwendet wird, ist ebenfalls überall im Mittelmeerraum beliebt, traditionell auch deshalb, weil man es mit anderen Zutaten zu einem preiswerten, sättigenden Gericht ›strecken‹ kann. Brotkrumen, Reis, Bulgur und Kartoffeln geben dem Fleischteig mehr Volumen. Zwiebeln und Tomaten werden den würzigen Fleischsaucen zugesetzt. Im Orient wird Hackfleisch häufig mit Gewürzen, Nüssen und Trockenfrüchten angereichert und als delikate Füllung für kleine Taschen aus Brik-Teig verwendet. In Italien serviert man zu Nudeln geschmorte, mit Knoblauch, Wein und Kräutern aromatisierte Hackfleischsaucen. In Griechenland schichtet man Lammhack mit Auberginen, Tomaten- und Bechamelsauce zur beliebten *moussaka* auf, während in der Türkei Lammfleisch mit gehackten Auberginen gemischt in die ausgehöhlten halbierten Gemüse gefüllt und gebacken wird. All diese vielfältigen Gerichte sind sehr sättigend und reichen auch für viele Esser.

Wir haben zwar kein Rezept für Ziegenfleisch aufgeführt (da man es nur sehr schwer bekommt), dafür reicht die Palette von korsischem Rindsragout mit Rigatoni bis zu türkischem Lammpilau und griechischen Lammfrikadellen in Tomatensauce. Wie bei den meisten Rezepten in diesem Buch braucht man als Beilage dazu im Grunde nur ein gutes Glas Wein (in diesem Fall vorzugsweise Rotwein) und ein knuspriges Stück Brot!

FLEISCH

TÜRKISCHER LAMMPILAU

Diese köstliche Kombination aus Reis, Lammfleisch, Gewürzen, Nüssen und Früchten ist ein typisch orientalisches Gericht.

40 g Butter
1 große Zwiebel, fein gehackt
450 g Lammfilet, gewürfelt
½ TL gemahlener Zimt
2 EL Tomatenmark
3 EL frische Petersilie, gehackt
115 g Trockenaprikosen, halbiert
75 g Pistazien
450 g Langkornreis, abgespült
Salz und schwarzer Pfeffer aus der Mühle
Glattblättrige Petersilie zum Garnieren

4 PORTIONEN

[1] Die Butter in einer schweren Pfanne erhitzen und die Zwiebeln darin goldgelb dünsten. Das Lammfleisch hinzufügen und anbraten. Zimt, Salz und Pfeffer dazugeben und zugedeckt bei kleiner Hitze 10 Minuten köcheln lassen.

[2] Tomatenmark zufügen und so viel Wasser angießen, daß das Fleisch bedeckt ist. Petersilie einrühren, zum Kochen bringen und zugedeckt bei kleinster Stufe 1½ Stunden köcheln lassen, bis das Fleisch gar ist. Die Pistazien hacken.

[3] 2½ Tassen Wasser angießen, Aprikosen, Pistazien und Reis hinzufügen und fest geschlossen etwa 20 Minuten weiterköcheln lassen, bis der Reis gar ist (ggf. etwas Wasser nachgießen). In einer vorgewärmten Schüssel anrichten und vor dem Servieren mit glattblättriger Petersilie garnieren.

FLEISCH

SOUDZOUKAKIA IN TOMATENSAUCE

Diese würzigen, länglichen Hackfleischbällchen sind ein beliebtes griechisches Gericht. Passierte Tomaten bekommt man als Fertigprodukt in Päckchen oder Gläsern.

50 g frische Weißbrotwürfel
150 ml Milch
675 g Lammhack
2 EL Zwiebel, gerieben
3 Knoblauchzehen, zerdrückt
2 TL Kreuzkümmel, gemahlen
2 EL frische Petersilie, gehackt
Olivenöl zum Braten
600 ml pürierte Tomaten
1 TL Zucker
2 Lorbeerblätter
1 kleine Zwiebel, geschält
Salz und schwarzer Pfeffer aus der Mühle
Glattblättrige Petersilie

4 PORTIONEN

1 Weißbrot in die Milch rühren. Hack, Zwiebel, Knoblauch, Kreuzkümmel und Petersilie hinzufügen. Mit Salz und Pfeffer würzen.

2 Die Mischung mit beiden Händen zu kleinen, dicken Rollen von etwa 5 cm Länge formen und in Mehl wenden. Etwa 4 EL Olivenöl in einer Pfanne erhitzen.

3 Die Rollen etwa 8 Minuten von allen Seiten gleichmäßig bräunen. Aus der Pfanne nehmen und auf Küchenpapier abtropfen lassen.

4 Tomaten, Zucker, Lorbeer und die ganze Zwiebel in einem Topf 20 Minuten köcheln lassen. Mit den Soudzoukakia weitere 10 Minuten kochen. Mit Petersilie servieren.

FLEISCH

SCHWEINERÜCKENBRATEN GEFÜLLT MIT FEIGEN, OLIVEN UND MANDELN

Schweinefleisch ist in Spanien sehr beliebt. Dieser mit Früchten und Nüssen gefüllte Braten stammt aus Katalonien, wo man traditionell gern Fleisch mit Früchten zubereitet.

[2] Falls nötig, das Fleisch etwas parieren (Sehnen und Fett abschneiden). Die Hälfte der Füllung auf den flachen Teil streichen und das Fleisch von der dicken Seite aus aufrollen. Mit Küchengarn fest umwickeln.

[3] Das restliche Öl in einen Bräter geben, das Schweinefleisch hineinlegen und 75 Minuten braten. Die restliche Füllung zu kleinen Bällchen formen und 15 Minuten vor dem Ende der Garzeit rings um das Fleisch in den Bräter legen.

4 EL Olivenöl
1 Zwiebel, fein gehackt
2 Knoblauchzehen, gehackt
75 g frische Weißbrotwürfel
4 Trockenfeigen, gehackt
8 grüne Oliven, entsteint und gehackt
25 g Mandelblättchen
1 EL Zitronensaft
1 EL frische Petersilie, gehackt
1 Eigelb
900 g Schweinerücken, ausgelöst
Salz und schwarzer Pfeffer

4 PORTIONEN

[1] Den Backofen auf 200 °C vorheizen. In einem Topf 3 EL Öl erhitzen und darin Zwiebeln und Knoblauch weich dünsten. Vom Feuer nehmen, Brotkrumen, Feigen, Oliven, Mandeln, Zitronensaft, Petersilie und Eigelb hineinrühren und würzen.

SO GEHT'S BESSER
Weißbrotwürfel in einer Plastikdose im Gefrierfach aufbewahren und einfach tiefgefrorenen verwenden.

[4] Das Fleisch aus dem Ofen nehmen und 10 Minuten ruhen lassen. In dicke Scheiben schneiden, mit den Bällchen und dem Bratensaft servieren. Schmeckt auch kalt gut.

FLEISCH

LAMMRAGOUT MIT PAPRIKA UND RIOJA

Durch reichlich Knoblauch, Paprika, Kräuter und Rotwein bekommt das Lamm einen herrlich kräftigen Geschmack. Toll sieht es aus, wenn man die Paprikastiele nicht entfernt, sondern längs durchschneidet.

900 g Lammfilet
1 EL Mehl
4 EL Olivenöl
2 rote Zwiebeln, in Ringe geschnitten
4 Knoblauchzehen, in Scheiben geschnitten
2 TL Paprikapulver
¼ TL Nelkenpulver
400 ml Rioja-Rotwein
150 ml Lammfond
2 Lorbeerblätter
2 Thymianzweige
3 rote Paprikas, halbiert, entkernt
Salz und schwarzer Pfeffer
Lorbeerblätter und Thymianzweige zum Garnieren
Dazu passen grüne Bohnen und Safranreis oder Salzkartoffeln

4 PORTIONEN

1 Den Backofen auf 160 °C vorheizen. Lammfleisch in Stücke schneiden. Mehl mit Salz und Pfeffer würzen, das Fleisch darin wenden.

2 Das Öl in einer Pfanne erhitzen, das Lammfleisch darin bräunen und in eine feuerfeste Form legen. Zwiebeln, Knoblauch, Paprikapulver und Nelken in der Pfanne anbraten.

3 Rioja, Brühe, Lorbeer und Thymian dazugeben und zum Kochen bringen. Den Inhalt der Pfanne über das Fleisch gießen. Zugedeckt 30 Minuten backen.

4 Form aus dem Ofen nehmen, die roten Paprika dazu geben und mit Salz und Pfeffer abschmekken. Weitere 30 Minuten backen, bis das Fleisch gar ist. Das Gericht mit Lorbeer und Thymian garnieren und mit grünen Bohnen und Safranreis oder Salzkartoffeln servieren.

VARIANTE
Lammfleisch und Rotwein können durch mageres Schweinefleisch und weißen Rioja ersetzt werden. Die roten Paprikaschoten kann man auch durch gelbe ergänzen.

FLEISCH

KORSISCHES RINDSRAGOUT MIT RIGATONI

In vielen Mittelmeerländern gehören Nudeln zu den Standardgerichten. Auf Korsika wird Pasta oft einfach mit dem Bratensaft als Sauce serviert, in diesem Fall zu einem würzigen Rindsragout.

25 g getrocknete Steinpilze
6 Knoblauchzehen
900 g Rindsgulasch, in 5 cm große Würfel geschnitten
115 g fetter oder durchwachsener Speck, in Streifen geschnitten
3 EL Olivenöl
2 Zwiebeln, in Ringe geschnitten
300 ml trockener Weißwein
2 EL Tomatenmark
1 Prise Zimt, gemahlen
1 Rosmarinzweig
1 Lorbeerblatt
225 g Rigatoni
50 g frisch geriebener Parmesan
Salz und schwarzer Pfeffer aus der Mühle

4 PORTIONEN

1 Die Steinpilze 30 Minuten in warmem Wasser einweichen. Abgießen, die Pilze beiseite stellen, das Einweichwasser aufbewahren. Drei Knoblauchzehen in dünne Streifen schneiden. Mit einem scharfen Messer das Fleisch einschneiden und mit Speck- und Knoblauchstreifen spicken. Mit Salz und Pfeffer würzen.

3 Wein, Tomatenmark, Pilze, Zimt, Rosmarin und Lorbeer hineinrühren und mit Salz und Pfeffer abschmecken. 30 Minuten unter häufigem Rühren köcheln lassen. Das Einweichwasser durchsieben und zum Ragout gießen. Mit Wasser bedeckt zum Kochen bringen und 3 Stunden ganz sanft kochen, bis das Fleisch butterzart ist.

2 Das Öl in einer schweren Pfanne erhitzen und die Hälfte des Fleisches darin von allen Seiten gut bräunen und beiseite stellen. Mit der anderen Hälfte ebenso verfahren. Die Zwiebelringe kurz anbräunen. Den restlichen Knoblauch zerdrücken und zusammen mit dem Fleisch in die Pfanne geben.

4 Die Nudeln in einem großen Topf in reichlich Salzwasser 10 Minuten *al dente* kochen. Die Fleischstücke aus der Sauce nehmen und in einer vorgewärmten Schüssel anrichten. Die Nudeln abschütten und in einer Schüssel mit der Sauce und dem frisch geriebenen Käse anrichten. Das Fleisch separat dazu servieren.

FLEISCH

AFELIA

Dieses mild-würzige Schweineragout ergibt eine leckere, doch leichte Mahlzeit, wenn man es, wie in Zypern üblich, einfach mit ofenfrischem Brot, einem grünen Salat und ein paar Oliven serviert.

675 g Schweinefilet
4 TL Korianderkörner
½ TL Zucker
3 EL Olivenöl
2 große Zwiebeln, in Scheiben geschnitten
300 ml Rotwein
Salz und schwarzer Pfeffer
Frische Korianderblätter zum Garnieren

SO GEHT'S BESSER
Zum Zerkleinern der Korianderkörner kann man auch eine Kaffeemühle verwenden. Ersatzweise nimmt man einfach 1 EL gemahlenen Koriander.

1 Das Fleisch parieren und in Stücke schneiden. Die Korianderkörner in einem Mörser möglichst fein zerdrücken.

2 Koriander mit Zucker, Salz und Pfeffer mischen und das Fleisch damit einreiben. Bis zu 4 Stunden bei Zimmertemperatur ziehen lassen.

3 Den Backofen auf 160 °C vorheizen. In einer Pfanne 2 EL Öl auf großer Flamme erhitzen. Das Fleisch rasch anbräunen und in eine feuerfeste Form legen.

4 Das restliche Öl in die Pfanne geben und die Zwiebeln darin anbräunen. Den Wein angießen, etwas Salz und Pfeffer zugeben and knapp zum Kochen bringen.

5 Die Zwiebel-Weinmischung über das Fleisch gießen und zudecken. Im Backofen 1 Stunde backen, bis das Fleisch weich ist. Mit frischen Korianderblättern bestreut servieren.

FLEISCH

MOUSSAKA

Wie so viele beliebte Traditionsgerichte hat eine echte Moussaka nur wenig Ähnlichkeit mit dem, was man in vielen griechischen Restaurants im Ausland geboten bekommt. Unsere Moussaka ist fein gewürzt und saftig, jedoch nicht allzu fett und mit einer goldgelben, krossen Kruste überzogen.

900 g Auberginen
120 ml Olivenöl
2 große Tomaten
2 große Zwiebeln, in Ringe geschnitten
450 g Lammhack
¼ TL Zimt, gemahlen
¼ TL Piment, gemahlen
2 EL Tomatenmark
3 EL frische Petersilie, gehackt
120 ml trockener Weißwein
Salz und schwarzer Pfeffer

FÜR DIE SAUCE
50 g Butter
50 g Mehl
600 ml Milch
¼ TL Muskatnuß, gemahlen
25 g Parmesan, gerieben
45 g Paniermehl, geröstet

6 PORTIONEN

[1] Die Auberginen in 5 mm dicke Scheiben schneiden. Die Scheiben in ein Sieb legen und schichtweise mit reichlich Salz bestreuen. 30 Minuten stehen lassen.

[2] Die Auberginen mehrmals mit frischem Wasser abspülen. Mit den Fingern die Flüssigkeit leicht herausdrücken und die Scheiben mit Küchenpapier trockentupfen.

[3] Etwas von dem Öl in einer großen Pfanne erhitzen. Die Auberginen portionsweise von beiden Seiten goldgelb braten, ggf. noch Öl angießen. Die gebratenen Scheiben auf Küchenpapier abtropfen lassen.

[4] Die Tomaten 30 Sekunden in heißes Wasser tauchen und mit kaltem Wasser abschrecken. Häuten und grob hacken.

[5] Den Backofen auf 180 °C vorheizen. Zwei EL Öl in einem Topf erhitzen. Zwiebeln und Lammfleisch darin 5 Minuten anbraten, dabei mit einem Holzlöffel das Hack auseinanderdrücken.

VARIANTE
Die Auberginen können durch sautierte Zucchini- oder Kartoffelscheiben ersetzt werden.

[6] Tomaten, Zimt, Piment, Tomatenmark, Petersilie, Wein und Pfeffer hinzufügen und zum Kochen bringen. Bei mäßiger Hitze zugedeckt 15 Minuten leise köcheln lassen.

[7] In eine flache Backform Auberginen und Fleisch im Wechsel schichten, Auberginen als Abschluß.

[8] Für die Sauce Butter in einem kleinen Topf zerlassen. Mehl darüber stäuben und eine Minute unter Rühren anschwitzen. Den Topf von der Platte nehmen und nach und nach die Milch einrühren. Mischung wieder aufs Feuer stellen und unter Rühren 2 Minuten lang andicken. Muskat, Käse, Salz und Pfeffer hinzufügen. Die Sauce über die Auberginen gießen und mit Paniermehl bestreuen. Im Backofen 45 Minuten goldgelb backen und heiß servieren.

FLEISCH

INVOLTINI MIT KNOBLAUCH UND TOMATENSAUCE

In Italien hat jede Region ihre eigene Art, dünne Scheiben Rindfleisch um eine herzhafte Füllung zu wickeln. Dieses Rezept verwendet einige der klassischen Zutaten.

4 dünne Rumpsteaks (je etwa 115 g)
4 Scheiben geräucherter Schinken
150 g Pecorino, gerieben
2 Knoblauchzehen, zerdrückt
5 EL frische Petersilie, gehackt
2 Eier, weichgekocht und gepellt
3 EL Olivenöl
1 große Zwiebel, fein gehackt
150 ml pürierte Tomaten
75 ml Rotwein
2 Lorbeerblätter
150 ml Rinderbrühe
Salz und schwarzer Pfeffer aus der Mühle
Glattblättrige Petersilie

4 PORTIONEN

1. Den Backofen auf 160 °C vorheizen. Die Fleischscheiben auf ein Blatt Pergamentpapier legen und mit einem zweiten Blatt Pergamentpapier oder Klarsichtfolie zudecken. Mit einem Fleischklopfer oder Nudelholz flachklopfen.

2. Auf jede Scheibe Fleisch eine Scheibe Schinken legen. In einer Schüssel Käse, Knoblauch, Petersilie, Eier und etwas Salz und Pfeffer gut verrühren.

3. Die Masse auf die Fleischscheiben streichen. Die beiden Enden einklappen und das Ganze zu kleinen Päckchen aufrollen. Mit Küchengarn umwickeln.

4. Das Öl in einer Pfanne erhitzen. Die Rouladen von allen Seiten kurz anbraten und in eine feuerfeste Form legen.

5. Die Zwiebeln in der Pfanne 3 Minuten braten. Tomaten, Wein, Lorbeerblätter und Brühe dazugeben und mit Salz und Pfeffer abschmecken. Aufkochen und zum Fleisch in die Form gießen.

6. Die Form zugedeckt 1 Stunde im Backofen garen. Das Fleisch herausnehmen, das Küchengarn entfernen. Auf vorgewärmten Tellern anrichten. Die Sauce mit Salz und Pfeffer abschmecken und auf den Rouladen verteilen. Mit Petersilie garnieren.

FLEISCH

SCHNITZEL MIT MARSALA UND WACHOLDER

Sizilianischer Marsala ist zwar eigentlich ein Dessertwein, verleiht diesem Gericht aber eine herzhaft-fruchtige alkoholische Note.

25 g getrocknete Steinpilze
4 Kalbschnitzel, 1 cm dick
2 TL Balsamessig
8 Knoblauchzehen
1 EL Butter
3 EL Marsala
Mehrere Rosmarinzweige
10 Wacholderbeeren, zerdrückt
Salz und schwarzer Pfeffer
aus der Mühle
Dazu passen Nudeln und
Brokoli

4 PORTIONEN

[1] Die getrockneten Steinpilze in einer Schüssel mit warmem Wasser übergießen und ziehen lassen.

[2] Die Schnitzel mit 1 EL Balsamessig einpinseln und mit Salz und Pfeffer würzen. Knoblauchzehen in einem kleinen Topf mit Wasser zum Kochen bringen und 10 Minuten garen, dann abgießen.

[3] Die Butter in einer großen Pfanne erhitzen. Die Schnitzel von einer Seite rasch anbräunen, wenden und kurz für eine Minute weiterbraten.

[4] Marsala, Rosmarin, Pilze samt 4 EL Einweichwasser, Knoblauch, Wacholder und den restlichen Essig hinzufügen.

[5] Für etwa 3 Minuten köcheln lassen, bis das Fleisch gar ist. Mit Salz und Pfeffer abschmecken. Mit Nudeln und Gemüse servieren.

FLEISCH

LAMMSPIESSE MIT KORIANDERJOGHURT

Lamm wird am häufigsten für türkische Kebabs verwendet, doch ist auch Schweinefleisch gut geeignet. Paprika, Zitronenspalten und Zwiebeln kann man mit auf die Spieße stecken und mitgrillen.

900 g entbeintes Lammfleisch
1 große Zwiebel, gerieben
3 Lorbeerblätter
5 Thymian- oder Rosmarinzweige
Schale und Saft einer Zitrone
½ TL Zucker
5 EL Olivenöl
Salz und schwarzer Pfeffer
Rosmarinzweige und Zitronenspalten
zum Garnieren

FÜR DEN KORIANDERJOGHURT
150 ml dicker Naturjoghurt
1 EL frische Minze, gehackt
1 EL frische Korianderblätter, gehackt
2 TL geriebene Zwiebel

4 PORTIONEN

[1] Für die Sauce Joghurt, Minze, Koriander und geriebene Zwiebel mischen und in eine kleine Servierschüssel geben.

[2] Für die Kebabs das Lammfleisch in Stücke schneiden. Geriebene Zwiebel, Kräuter, Zitronenschale und -saft, Zucker und Öl mischen, Salz und Pfeffer dazugeben und über das Fleisch gießen.

[3] Alles gründlich vermengen und mehrere Stunden oder über Nacht im Kühlschrank marinieren.

[4] Das Fleisch abtropfen lassen und auf Spieße stecken. Unter dem vorgeheizten Grill 10 Minuten bräunen, einmal wenden. Auf einer Platte anrichten und mit Rosmarin garnieren. Mit gegrillten Zitronenspalten und Korianderjoghurt servieren.

SO GEHT'S BESSER
Die Enden von Holzspießen mit Alufolie umwickeln, dann brennen sie nicht an.

FLEISCH

KLEFTIKO

Sanft geschmorte marinierte Lammkeulensteaks ergeben ein delikates griechisches Gericht, das auf der Zunge zergeht. Das Fleisch wird mit einer Teigplatte zugedeckt, dadurch bleibt es saftig und voller Aroma. Man kann die Form natürlich auch dicht mit Alufolie abdecken.

Saft von 1 Zitrone
1 EL frisches Oregano, gehackt
4 Lammsteaks aus der Keule, mit Knochen
2 EL Olivenöl
2 Zwiebeln, in Ringe geschnitten
2 Lorbeerblätter
150 ml trockener Weißwein
225 g Mehl
Salz und schwarzer Pfeffer

4 PORTIONEN

SO GEHT'S BESSER
Die Knochen der Steaks sollten Sie nicht entfernen, denn das Mark intensiviert das Aroma. In der Schale gegarte Frühkartoffeln sind eine ideale Beilage.

1 Zitronensaft, Oregano, Salz und Pfeffer mischen und die Steaks von beiden Seiten damit bestreichen. Mindestens 4 Stunden oder über Nacht marinieren.

2 Den Backofen auf 160 °C vorheizen. Das Fleisch abtropfen lassen, die Marinade jedoch aufbewahren. Das Fleisch mit Küchenpapier trockentupfen. Das Olivenöl in einer großen Pfanne oder Sauteuse erhitzen und das Fleisch auf höchster Stufe von beiden Seiten anbräunen.

3 Das Fleisch in eine flache Auflaufform geben. Zwiebelringe und Lorbeerblätter darauf verteilen, Weißwein und die Marinade angießen.

4 Mehl mit genügend Wasser mengen, um einen festen Teig herzustellen. Den Rand der Form anfeuchten. Den Teig auf einer bemehlten Arbeitsfläche ausrollen und die Form damit dicht verschließen.

5 Im Backofen 2 Stunden backen. Den Teigdeckel aufbrechen und das Lamm mit gekochten Kartoffeln servieren.

FLEISCH

SCHWARZE-BOHNEN-TOPF

In diesem einfachen spanischen Gericht ergeben ein paar deftige Zutaten einen vorzüglichen, intensiven Geschmack, der ein wenig an den des französischen Cassoulet erinnert.

275 g schwarze Bohnen
675 g Schweinebauch, in Scheiben
4 EL Olivenöl
350 g kleine Zwiebeln
2 Stangen Staudensellerie, in dicke Stücke geschnitten
2 TL Paprikapulver
150 g Chorizo-Wurst, in Stücke geschnitten
600 ml Hühner- oder Gemüsebrühe
2 grüne Paprikaschoten, entkernt und in große Stücke geschnitten
Salz und schwarzer Pfeffer

5–6 PORTIONEN

[1] Die Bohnen über Nacht in kaltem Wasser einweichen, abgießen und in einem Topf mit frischem Wasser bedeckt zum Kochen bringen. 10 Minuten sprudelnd kochen, dann abgießen.

[2] Den Backofen auf 160 °C vorheizen. Die Schwarte vom Bauchspeck abschneiden und das Fleisch in große Stücke teilen.

[3] Das Öl in einer großen Pfanne erhitzen und darin Zwiebeln und Sellerie 3 Minuten anbraten. Das Fleisch dazugeben und 5–10 Minuten anbraten.

[4] Paprikapulver und Chorizo dazugeben und weitere 2 Minuten dünsten. Mit den Bohnen in eine Ofenform geben und vermengen.

[5] Die Brühe in die Pfanne geben und zum Kochen bringen. Abschmecken, über die Bohnen gießen und zugedeckt 1 Stunde backen.

[6] Die Paprikaschoten zum Fleisch geben und weitere 15 Minuten backen. Heiß servieren.

SO GEHT'S BESSER
Für dieses Ragout kann man vielerlei Wintergemüse verwenden, z. B. Porree, Rüben, Knollensellerie und sogar kleine Kartoffeln.

FLEISCH

159

FLEISCH

PROVENÇALISCHE DAUBE MIT OLIVEN

›En daube‹ ist eine französische Methode, Fleisch mit Wein und Kräutern zu schmoren. Dieser Rinderschmorbraten kommt aus Nizza und wird mit schwarzen Oliven und Tomaten zubereitet.

1,5 kg Rindfleisch aus der Oberschale
225 g fetter oder durchwachsener Speck, in Streifen geschnitten
225 g Möhren, in Scheiben geschnitten
1 Lorbeerblatt
1 Thymianzweig
2 Petersilienzweige
3 Knoblauchzehen
225 g schwarze Oliven, entsteint
400-g-Dose gehackte Tomaten
Dazu passen knuspriges Baguette, Flageolets oder Nudeln

FÜR DIE MARINADE
120 ml kaltgepreßtes Olivenöl
1 Zwiebel, in Scheiben geschnitten
4 Schalotten, in Scheiben geschnitten
1 Stange Staudensellerie, in Scheiben geschnitten
1 Möhre, in Scheiben geschnitten
150 ml Rotwein
6 Pfefferkörner
2 Knoblauchzehen, in Scheiben geschnitten
1 Lorbeerblatt
1 Thymianzweig
2 Petersilienzweige

6 PORTIONEN

1 Für die Marinade das Öl im flachen Topf erhitzen. Zwiebeln, Schalotten, Sellerie und Möhren dazugeben. 2 Minuten andünsten, dann Rotwein, Pfefferkörner, Knoblauch, Lorbeer, Thymian und Petersilie hinzufügen und salzen. Bei mäßiger Hitze 15–20 Minuten sachte köcheln lassen. Beiseite stellen.

2 Das Rindfleisch in eine große Glas- oder Steingutform legen und die abgekühlte Marinade darüber gießen. Zugedeckt an einem kühlen Ort oder im Kühlschrank 12 Stunden marinieren, während dieser Zeit ein- bis zweimal wenden.

3 Den Backofen auf 160 °C vorheizen. Das Fleisch in einen Schmortopf geben (es sollte gerade hineinpassen). Speckstreifen, Möhren, Kräuter und Knoblauch hinzufügen. Die Marinade durch ein Sieb dazugießen. Den Topf mit Pergamentpapier und einem Deckel verschließen und 2½ Stunden schmoren lassen.

4 Die Daube aus dem Backofen nehmen, Oliven und Tomaten hinzufügen. Wieder zudecken und weitere 30 Minuten backen. Das Fleisch in dicke Scheiben schneiden und dazu knuspriges Brot, Bohnen oder Nudeln servieren.

FLEISCH

LAMMRAGOUT MIT KNOBLAUCH UND ACKERBOHNEN

Dieses Rezept zeigt spanische Einflüsse. Das Lammfleisch wird mit viel Knoblauch und Sherry geschmort, die Ackerbohnen bringen frische Farbe hinein.

3 EL Olivenöl
1,5 kg Lammfilet, in 5 cm große Würfel geschnitten
1 große Zwiebel, gehackt
6 große Knoblauchzehen mit Schale
1 Lorbeerblatt
1 TL Paprikapulver
120 ml trockener Sherry
115 g frische Ackerbohnen, ausgelöst oder TK-Ware
2 EL frische Petersilie, gehackt
Salz und schwarzer Pfeffer

6 PORTIONEN

[1] In einem großen feuerfesten Schmortopf 2 EL Öl erhitzen. Die Hälfte des Fleisches von allen Seiten anbräunen und auf eine Platte legen. Mit der anderen Hälfte genauso verfahren. Das Fleisch aus dem Schmortopf nehmen.

[2] 1 EL Öl in einer Pfanne erhitzen, die Zwiebel etwa 5 Minuten weich dünsten. Zusammen mit dem Fleisch in den Topf geben.

[3] Knoblauchzehen, Lorbeerblatt, Paprikapulver und Sherry dazugeben und zum Kochen bringen 1½–2 Stunden zugedeckt bei mäßiger Hitze garen, bis das Fleisch weich ist.

[4] Die Ackerbohnen etwa 10 Minuten vor Ende der Kochzeit dazugeben. Kurz vor dem Servieren mit Petersilie bestreuen.

FLEISCH

SPANISCHER SCHMORTOPF

Ein Schweinefleischgericht aus Katalonien mit würziger Butifarra-Wurst. Man bekommt sie in spanischen Lebensmittelläden, kann aber ersatzweise auch eine italienische Wurst nehmen.

2 EL Olivenöl
4 entbeinte Schweinekoteletts
4 Butifarra-Würste
1 Zwiebel, gehackt
2 Knoblauchzehen, gehackt
120 ml trockener Weißwein
4 Eiertomaten, gehackt
1 Lorbeerblatt
2 EL frische Petersilie, gehackt
Salz und schwarzer Pfeffer
Dazu passen grüner Salat und Ofenkartoffeln

4 PORTIONEN

1 Das Öl in einer großen Pfanne erhitzen. Die entbeinten Koteletts auf großer Flamme von beiden Seiten anbräunen und herausnehmen.

2 Würste, Zwiebeln und Knoblauch in die Pfanne geben und bei mittlerer Hitze braten, bis die Würste braun und die Zwiebeln weich sind, die Würste dabei zwei- oder dreimal wenden. Die Koteletts wieder in die Pfanne geben.

3 Wein, Tomaten und Lorbeer hinzufügen und abschmecken. Petersilie hineinrühren. Die Pfanne zudecken und 30 Minuten garen.

4 Die Würste aus der Pfanne nehmen und in dicke Scheiben schneiden. Wieder in die Pfanne legen und erwärmen. Heiß mit Ofenkartoffeln und grünem Salat servieren.

SO GEHT'S BESSER
Die Eiertomaten können durch Strauchtomaten ersetzt werden, die zum Glück immer häufiger in unseren Supermärkten zu finden sind.

FLEISCH

Polpette mit Mozzarella und Tomaten

Diese italienischen Frikadellen aus Rindfleisch werden mit Mozzarella und Tomaten belegt.

½ Scheibe Weißbrot ohne Rinde
3 EL Milch
675 g Rinderhack
1 Ei, verquirlt
50 g Paniermehl
Pflanzenöl zum Braten
2 Fleisch- oder andere Tomaten, in Scheiben geschnitten
1 EL frischer Oregano, gehackt
1 Kugel Mozzarella, in 6 Scheiben geschnitten
6 Sardellen aus der Dose, abgetropft und längs durchgeschnitten
Salz und schwarzer Pfeffer

6 Portionen

1 Den Backofen auf 200 °C vorheizen. Brot und Milch in einem kleinen Topf langsam erhitzen, bis das Brot die Milch aufgesaugt hat. Zu Brei zerdrücken und abkühlen lassen.

2 Rindfleisch, Brotmischung und Ei in eine Schüssel geben und mit Salz und Pfeffer würzen. Gründlich vermengen. Sechs kleine flache Fleischbällchen formen. Das Paniermehl auf einen Teller schütten und die Bällchen darin wenden.

3 Etwa 5 mm hoch Öl in einer großen Pfanne erhitzen. Die Bällchen 2 Minuten von jeder Seite bräunen. Nebeneinander in eine gefettete feuerfeste Form legen.

4 Auf jedes Fleischbällchen eine Scheibe Tomate legen, mit Oregano bestreuen und mit Salz und Pfeffer würzen. Darauf kommen je eine Scheibe Mozzarella und zwei über Kreuz gelegte Sardellenstreifen.

5 Im Backofen 10–15 Minuten backen, bis der Mozzarella geschmolzen ist. In der Form sofort heiß servieren (der Käse wird sehr rasch wieder fest!).

Huhn und Wildgeflügel

Huhn und Wildgefügel spielen in der Küche der Mittelmeerländer eine wichtige Rolle. Mit verschiedenen Früchten entstehen exotische Kombinationen.

HUHN UND WILDGEFLÜGEL

Geflügelgerichte sind seit jeher für die Mittelmeerküche von besonderer Bedeutung. Das liegt vor allem daran, daß diese kargen, oft bergigen Landschaften dem Vieh nur magere Weideplätze bieten. Hühner und Enten sind auch für die arme Bevölkerung des Mittelmeerraums erschwinglich, oft werden sie von den Haushalten selbst aufgezogen.

Das beliebteste Geflügel sind zweifellos Hähnchen, die in vielfältiger Zubereitungsart auf dem Speisezettel auftauchen. Wie eh und je werden sie mit Körnern gefüttert, deshalb ist ihr Fleisch kräftig rosa und aromatisch, selbst wenn manche Tiere auf den ersten Blick mager und knochig wirken. Die Zubereitungsarten sind sich häufig ähnlich. Im Osten wie im Westen ist man sich einig, daß Hähnchen am besten mit dem säuerlichen Aroma frischer, getrockneter oder eingemachter Früchte harmoniert und sich gut mit Nüssen und kräftigen Gewürzen verträgt.

Im Orient hielt man Hühner traditionell eher wegen der Eier als wegen ihres Fleisches, und meist wanderten erst relativ alte Exemplare in den Kochtopf. Folglich garte man sie lange bei niedriger Temperatur und besserte sie mit stark gewürzten Füllungen und Saucen auf. Diese Rezepte

UNTEN: Das saftig grüne Ackerland Südspaniens kontrastiert mit seinen zerklüfteten Gebirgszügen.

HUHN UND WILDGEFLÜGEL

RECHTS: *Ein griechischer Hahn stolziert an der Mauer seines Hofes entlang.*

UNTEN: *Zitronen geben Geflügelgerichten ein wunderbar frisches Aroma.*

sind gut geeignet, dem etwas faden Geschmack handelsüblicher Batterie-Hähnchen auf die Sprünge zu helfen. Eingelegte Zitronen vermitteln Hühnerfleisch ein angenehm frisches Aroma, jedoch ohne die stärkere Säure frischer Zitronen. Auch letztere können mit Hähnchen harmonieren, wenn man sie mit etwas Zucker oder Honig mildert. Granatapfelkerne sind eine weitere beliebte Zutat. Man gibt sie zerdrückt zur Sauce oder legt sie mit Zitrone, Zucker und Gewürzen ein.

Auch in Spanien sind Hähnchen, aber auch Kaninchen populär, sei es als einfaches Brathuhn mit Rosinen, Pinienkernen und Sherrysauce oder ein mit Chorizo gewürztes Ragout. Enten und Gänse werden überwiegend mit Birnen, Äpfeln oder Feigen zubereitet, damit die Früchte ein Gegengewicht zum fetten Fleisch bilden.

Kleines Wildgeflügel ist eine typische mediterrane Spezialität, wenn auch eher im Winter. Tauben und kleine Hühnervögel wie Rebhuhn, auch Wachteln, die im Herbst über das Mittelmeergebiet ziehen, bieten Jägern eine willkommene Abwechslung. Vor allem in Italien werden sie sehr geschätzt, und dort kennt man zum Beispiel köstliche Rezepte für Tauben, die rosa gegart und mit gegrillter oder cremiger Polenta zu üppigen Saucen serviert werden.

HUHN UND WILDGEFLÜGEL

HÄHNCHENSCHENKEL MIT ZITRONE

Bei diesem Rezept werden die klassischen Hähnchengewürze eingesetzt. Das hier vorgestellte Rezept stammt aus Frankreich, in Spanien und Italien finden sich allerdings diverse Spielarten.

600 ml Hühnerbrühe
20 Knoblauchzehen
25 g Butter
1 EL Olivenöl
8 Hähnchenoberschenkel
1 Zitrone, filetiert, in dünne Scheiben geschnitten
2 EL Mehl
150 ml trockener Weißwein
Salz und schwarzer Pfeffer
Frische Petersilie oder Basilikum, gehackt, zum Garnieren
Dazu passen neue Kartoffeln oder Reis

4 Portionen

1   Die Hühnerbrühe in einem Topf zum Kochen bringen. Die Knoblauchzehen hinzufügen und zugedeckt 40 Minuten köcheln lassen. Butter und Öl in einer Pfanne erhitzen und die Hähnchenschenkel darin bei mäßiger Hitze goldbraun anbraten. Die Schenkel in eine feuerfeste Form legen. Den Backofen auf 190 °C vorheizen.

2   Die Brühe durchseihen und beiseite stellen. Die Knoblauchzehen und Zitronenscheiben auf den Hähnchenschenkeln verteilen. Mehl ins Bratfett stäuben und 1 Minute unter Rühren anschwitzen. Den Wein unter ständigem Rühren angießen und den Bratensatz loskochen. Die Brühe angießen und unter ständigem Rühren eindicken lassen. Mit Salz und Pfeffer abschmecken.

3   Die Sauce über die Hähnchenschenkel gießen und das ganze zugedeckt 40–45 Minuten im Ofen garen lassen. Soll die Sauce stärker gebunden sein, die Hähnchenschenkel herausnehmen und die Sauce bis zur gewünschten Konsistenz weiter einkochen lassen. Mit gehackter Petersilie oder Basilikum bestreuen, dazu Salzkartoffeln oder Reis servieren.

HUHN UND WILDGEFLÜGEL

BRATHÄHNCHEN IN OLIVENÖL MIT MEDITERRANEM GEMÜSE

Dieses französische Gericht ist eine delikate Variante des üblichen Brathuhns. Nehmen Sie möglichst ein Mais- oder Freilandhähnchen; genauso gut schmeckt es übrigens mit Perlhuhn.

Ein Brathähnchen von 1,75 kg
150 ml kaltgepreßtes Olivenöl
½ Zitrone
Einige frische Thymianzweige
450 g kleine neue Kartoffeln
1 Aubergine, in 2,5 cm große Würfel geschnitten
1 rote Paprikaschote geviertelt
1 Fenchelknolle, geputzt und geviertelt
8 Knoblauchzehen in der Schale
Grobes Salz und schwarzer Pfeffer aus der Mühle

4 PORTIONEN

[2] Das Hähnchen aus dem Ofen nehmen und salzen, wenden und mit dem Bratensaft begießen. Die Kartoffeln in dem Bratensaft wenden und rings um das Hähnchen legen. Den Bräter wieder in den Ofen stellen und weiterbraten.

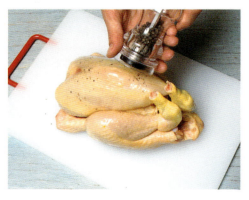

[1] Den Backofen auf 200 °C vorheizen. Das Hähnchen mit Olivenöl einreiben und pfeffern. Die halbe Zitrone zusammen mit ein paar Thymianzweigen in die Bauchhöhle schieben. Das Hähnchen mit der Brustseite nach unten in einen großen Bräter legen und etwa 30 Minuten braten.

[3] Nach 30 Minuten Aubergine, Paprika, Fenchel und Knoblauch in den Bräter legen, mit dem restlichen Öl beträufeln, salzen und pfeffern. Ggf. den restlichen Thymian hinzufügen. Weitere 30–50 Minuten garen, dabei das Gemüse gelegentlich mit dem Bratensaft begießen und wenden.

[4] Mit einer scharfen Messerspitze die Garprobe zwischen Keule und Brust machen. Bleibt der austretende Saft klar, ist das Hähnchen gar. Das Gemüse soll bißfest und hellbraun sein. Fleisch und Gemüse im Bräter servieren oder das Gemüse auf einer Platte anrichten und das tranchierte Hähnchen darauf legen. Den Bratensaft (das Fett abschöpfen) separat in einer Sauciere servieren.

HUHN UND WILDGEFLÜGEL

HÄHNCHEN MIT CHORIZO

Die Zugabe von Chorizo-Wurst und Sherry verleiht diesem einfachen spanischen Schmorgericht eine scharfe, interessante Note. Als Beilage eignen sich Reis oder Salzkartoffeln.

Ein mittelgroßes Hähnchen, in Stücke zerlegt, oder 4 Hähnchenkeulen
2 TL Paprikapulver
4 EL Olivenöl
2 kleine Zwiebeln, in Ringen
6 Knoblauchzehen, in feinen Scheiben
150 g Chorizo-Wurst
400-g-Dose gehackte Tomaten
2 Lorbeerblätter
5 EL halbtrockener Sherry
Salz und schwarzer Pfeffer
Dazu passen Reis oder Kartoffeln

4 PORTIONEN

[1] Den Backofen auf 190 °C vorheizen. Die Hähnchenteile gleichmäßig mit Paprikapulver einreiben und salzen. Das Olivenöl in einer Bratpfanne erhitzen und die Hähnchenteile darin bräunen.

[2] Die Stücke in eine feuerfeste Form legen. Zwiebeln in der Pfanne anbräunen, Knoblauch und Chorizo-Scheiben zugeben und alles 2 Minuten braten.

[3] Tomaten, 2 Lorbeerblätter und Sherry hinzufügen und zum Kochen bringen. Über die Hähnchenteile gießen und zugedeckt 45 Minuten backen. Würzen und ohne Deckel weitere 20 Minuten garen, bis das Fleisch weich und goldbraun ist. Garnieren Sie das Fleisch mit frischen Lorbeerblättern und servieren Sie dazu Reis oder Kartoffeln.

HUHN UND WILDGEFLÜGEL

SCHMORHÄHNCHEN MIT WÜRZFEIGEN

Die Katalanen in Spanien bereiten Fleisch gern mit Obst zu. Dieses ungewöhnliche Rezept verwendet eine Frucht, die man mehr noch als alle anderen mit dem Mittelmeer in Verbindung bringt: die Feige.

FÜR DIE FEIGEN:
150 g Zucker
120 ml Weißweinessig
1 Zitronenscheibe
1 Zimtstange
450 g frische Feigen

FÜR DAS HÄHNCHEN:
120 ml halbtrockener Weißwein
Zesten von ½ Zitrone
Ein Hähnchen von 1,5 kg,
in 8 Teile zerlegt
50 g fetter oder durchwachsener
Speck, in Streifen
1 EL Olivenöl
50 ml Hühnerbrühe
Salz und schwarzer Pfeffer aus der
Mühle

4 PORTIONEN

[1] Zucker, Essig, Zitronenscheibe und Zimtstange mit 120 ml Wasser zum Kochen bringen und 5 Minuten köcheln lassen. Die Feigen zugeben und 10 Minuten ziehen lassen. Vom Herd nehmen und zugedeckt 3 Stunden ruhen lassen.

[2] Den Backofen auf 180 °C vorheizen. Die Feigen abgießen und in eine Schüssel legen, Wein und Zitronenschale dazugeben. Die Hähnchenteile würzen. In einer großen Pfanne den Speck auslassen und goldbraun braten. Die Streifen in eine flache feuerfeste Form legen, das Fett aber in der Pfanne lassen. Das Öl dazugießen und die Hähnchenteile darin gleichmäßig anbräunen.

[3] Die Feigen nochmals abtropfen lassen. Den Wein zum Hähnchen in die Pfanne gießen und einkochen lassen, bis die Sauce sirupartig wird. Alles in die feuerfeste Form geben und ohne Deckel etwa 20 Minuten im Ofen backen. Die Feigen und die Hühnerbrühe hinzufügen und zugedeckt weitere 10 Minuten backen. Dazu paßt ein grüner Salat.

HUHN UND WILDGEFLÜGEL

HÄHNCHEN MIT APRIKOSEN IN BRIK-TEIG

Die Füllung für diese Pastete besteht aus gehacktem Hähnchenfleisch, Aprikosen, Bulgur, Nüssen und Gewürzen und weckt Erinnerungen an den Orient.

75 g Bulgur
75 g Butter
1 Zwiebel, gehackt
450 g Hähnchenfleisch, gehackt
50 g getrocknete Aprikosen, fein gehackt
25 g geschälte Mandeln, fein gehackt
1 TL Zimt, gemahlen
½ TL Piment, gemahlen
4 EL griechischer Joghurt
1 EL frische Schnittlauchröllchen
2 EL frische Petersilie, gehackt
6 große Platten Brik-Teig
Salz und schwarzer Pfeffer aus der Mühle
Schnittlauch zum Garnieren

6 PORTIONEN

[1] Den Backofen auf 200 °C vorheizen. Den Bulgur mit 120 ml kochendem Wasser übergießen und 5–10 Minuten einweichen, bis er das Wasser aufgesaugt hat.

[2] 25 g Butter in einer Pfanne zerlassen, die Zwiebel und das Hähnchenfleisch darin anbräunen.

[3] Aprikosen, Mandeln und Bulgur unterheben und 2 Minuten weiterbraten. Vom Herd nehmen, Zimt, Piment, Joghurt, Schnittlauch und Petersilie zugeben. Mit Salz und Pfeffer abschmecken.

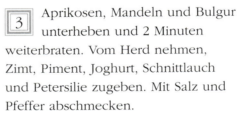

[4] Den Brik-Teig ausrollen, Kreise von 25 cm Durchmesser ausschneiden. Mit einem feuchten Tuch abdecken, damit sie geschmeidig bleiben. Die übrige Butter zerlassen.

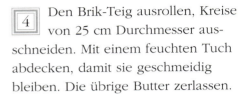

[5] Eine Springform von 23 cm mit drei Teigscheiben auslegen, zwischendurch jede Lage mit zerlassener Butter einpinseln. Die Füllung auf den Teig geben, mit drei weiteren Teigplatten bedecken und diese ebenfalls mit Butter einpinseln.

[6] Die übrig gebliebenen Teigplatten zusammenknüllen, auf die Oberfläche legen und mit der restlichen Butter einpinseln. Die Pastete etwa 30 Minuten backen, bis der Teig goldbraun und knusprig ist. Man serviert sie heiß oder kalt, in Stücke geschnitten und mit Schnittlauch garniert.

HUHN UND WILDGEFLÜGEL

HUHN UND WILDGEFLÜGEL

TSCHERKESSISCHES HÄHNCHEN

Diese Gericht stammt aus der Türkei, ist aber im ganzen Orient beliebt. Das gekochte Hähnchen wird kalt mit einer delikaten Walnußsauce serviert.

*Ein Hähnchen von 1,5 kg
2 Zwiebeln, geviertelt
1 Möhre, in Scheiben geschnitten
1 Stange Staudensellerie, in Scheiben
6 Pfefferkörner
3 Scheiben Brot ohne Rinde
2 Knoblauchzehen, grob gehackt
400 g Walnüsse, gehackt
1 EL Walnußöl
Salz und schwarzer Pfeffer
Gehackte Walnüsse und
Paprikapulver zum Garnieren*

6 PORTIONEN

1. Hähnchen, Zwiebeln, Möhre, Sellerie und Pfefferkörner in einen Topf geben. Mit Wasser bedeckt zum Kochen bringen und etwa 1 Stunde ohne Deckel köcheln lassen, bis das Hähnchen gar ist. In der Brühe erkalten lassen und dann abgießen, die Brühe jedoch auffangen.

2. Das Brot in Stücke reißen und in 90 ml Hühnerbrühe einweichen. Im Mixer zusammen mit Knoblauch, Walnüssen und 250 ml Hühnerbrühe zu einer glatten Paste pürieren und in einen Topf geben.

3. Auf kleiner Flamme nach und nach weitere Hühnerbrühe angießen, bis die Sauce sämig ist. Mit Salz und Pfeffer abschmecken, vom Feuer nehmen und im Topf abkühlen lassen. Das Hähnchen häuten, entbeinen und in mundgerechte Stücke zerteilen.

4. In eine Schüssel legen und mit etwas Sauce übergießen. Die Stücke in der Sauce wenden. Das Fleisch auf einer Platte anrichten, mit der übrigen Sauce übergießen und mit Walnußöl beträufeln. Mit Walnüssen und Parikapulver bestreuen und sofort servieren.

HUHN UND WILDGEFLÜGEL

HÄHNCHEN MIT ZITRONEN UND OLIVEN

Eingelegte Zitronen und Limetten sind beliebte Zutaten für Mittelmeergerichte, besonders in Nordafrika, wo man damit gern das Aroma von Fleisch- und Fischgerichten unterstreicht.

½ TL Zimt, gemahlen
½ TL Kurkuma, gemahlen
Ein Hähnchen von 1,5 kg
2 EL Olivenöl
1 Zwiebel, in Scheiben geschnitten
Ein 5 cm langes Stück frischer Ingwer, gerieben
600 ml Hühnerbrühe
2 eingelegte bzw. frische Zitronen oder Limetten, in Spalten geschnitten
75 g entsteinte braune Oliven
1 EL flüssiger Honig
4 EL frische Korianderblätter, gehackt
Salz und schwarzer Pfeffer
Korianderblätter zum Garnieren

4 PORTIONEN

1. Den Backofen auf 190 °C vorheizen. Zimt und Kurkuma mit etwas Salz und Pfeffer mischen und die Haut des Hähnchens damit gleichmäßig einreiben.

2. Das Öl in einem großen Topf oder einer Pfanne erhitzen. Das Hähnchen darin von allen Seiten goldbraun anbraten und dann in eine feuerfeste Form legen.

3. Die Zwiebel in der Pfanne 3 Minuten braten. Ingwer und Hühnerbrühe hinzufügen und bis kurz vor dem Siedepunkt erhitzen. Über das Hähnchen gießen und zugedeckt 30 Minuten im Ofen backen.

4. Das Hähnchen aus dem Ofen nehmen. Zitronen oder Limetten, Oliven und Honig hinzugeben und 45 Minuten weiterbacken, bis das Hähnchen gar ist.

5. Den Koriander unterheben und abschmecken. Mit Korianderblättern garniert sofort servieren.

HUHN UND WILDGEFLÜGEL

CASSOULET

Cassoulet ist ein klassisches französisches Gericht, bei dem mehrere Fleischsorten zusammen mit weißen Bohnen unter einer goldenen Kruste sanft gebacken werden.

---

675 g weiße Bohnen
900 g Schweinebauch
4 große Entenbrüste
4 EL Olivenöl
2 Zwiebeln, gehackt
6 Knoblauchzehen, zerdrückt
2 Lorbeerblätter
¼ TL Nelkenpulver
4 EL Tomatenmark
8 kleine Bratwürste
4 Tomaten
75 g Paniermehl
Salz und schwarzer Pfeffer aus der Mühle

6–8 PORTIONEN

---

[1] Die Bohnen in einer großen Schüssel mit kaltem Wasser über Nacht einweichen. Auch den gepökelten Schweinebauch eine Nacht lang wässern.

[2] Die Bohnen abgießen und mit frischem Wasser bedeckt in einem großen Topf zum Kochen bringen. Zehn Minuten lang sprudelnd kochen, dann abgießen und beiseite stellen.

[3] Die Schwarte entfernen und das Bauchfleisch in große Stücke schneiden. Die Entenbrüste halbieren.

[4] 2 TL Öl in einer Pfanne erhitzen und das Schweinefleisch darin portionsweise anbräunen.

[5] Bohnen, Zwiebeln, Knoblauch, Lorbeerblätter, Nelkenpulver und Tomatenmark in einen großen Topf geben. Das angebratene Schweinefleisch unterheben und alles knapp mit Wasser bedecken. Zum Kochen bringen, dann bei mäßiger Hitze zugedeckt 1½ Stunden köcheln lassen, bis die Bohnen weich sind.

[6] Den Backofen auf 180 °C vorheizen. Das restliche Öl in einer Pfanne erhitzen und die Entenbrüste und die Würstchen darin bräunen. Die Würste in Stücke schneiden.

[7] Die Tomaten 30 Sekunden in kochendes Wasser tauchen, mit kaltem Wasser abschrecken, häuten und vierteln.

[8] Die Bohnenmischung in einen großen Steinguttopf oder eine feuerfeste Form geben. Die gebratenen Würstchen, Entenbrüste und Tomaten unterheben und mit Salz und Pfeffer abschmecken.

[9] Mit einer gleichmäßigen Schicht Paniermehl bestreuen und 45–60 Minuten im Ofen backen, bis die Kruste goldbraun ist. Heiß servieren.

VARIANTE

Die im Cassoulet verarbeiteten Zutaten können problemlos abgewandelt werden. Als Gemüse eignen sich auch weiße Rüben, Möhren und Knollensellerie, während Schwein und Ente durch gewürfeltes Lamm und Gans ersetzt werden können.

HUHN UND WILDGEFLÜGEL

HUHN UND WILDGEFLÜGEL

HÄHNCHEN IN DER SALZKRUSTE

Unter einer Salzkruste bekommen die Speisen eine wunderbar saftige, zarte Konsistenz, ohne jedoch allzu salzig zu werden. In Italien und Frankreich bereitet man mit dieser Methode Hähnchen und Fische im ganzen zu, wobei das Hähnchen etwas leichter gelingt.

Ein Hähnchen von 1,75 kg
Rund 2,25 kg grobes Meersalz

FÜR DAS
KNOBLAUCHPÜREE:
450 g Zwiebeln, geviertelt
2 große Knoblauchknollen
120 ml Olivenöl
Salz und schwarzer Pfeffer

FÜR DIE GERÖSTETEN TOMATEN UND
PAPRIKA:
450 g Eiertomaten
3 rote Parika, entkernt und geviertelt
1 rote Chilischote, fein gehackt
6 EL Olivenöl
Petersilie zum Garnieren

6 PORTIONEN

[2] Das Hähnchen so stramm dressieren, daß kein Salz in die Bauchhöhle gelangen kann. Eine dünne Salzschicht in die Form streuen und das Hähnchen darauf legen.

[3] Das übrige Salz rings um und auf das Hähnchen streuen, bis es vollständig bedeckt ist. Die Oberfläche mit etwas Wasser beträufeln.

[4] Die Folie straff über dem Hähnchen zusammenziehen und auf der untersten Schiene 1¾ Stunden garen. In der Zwischenzeit die Zwiebeln in einen kleinen Topf geben. Die ungeschälten Knoblauchknollen auseinanderbrechen und mit Olivenöl, Salz und Pfeffer hinzufügen.

[5] Zugedeckt auf kleinster Stufe etwa eine Stunde ziehen lassen, bis der Knoblauch gar ist.

SO GEHT'S BESSER
Wenn Sie Gästen etwas Besonderes vorsetzen möchten, wird Ihnen das mit diesem Rezept mühelos gelingen. Garnieren Sie das Hähnchen auf einer schönen Servierplatte mit einer Mischung vieler frischer Kräuter und brechen Sie die Salzkruste erst am Tisch auf.

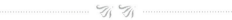

[6] Die Tomaten 30 Sekunden in kochendes Wasser tauchen, dann in kaltem Wasser abschrecken, häuten und vierteln. Paprika, Tomaten und Chili in eine flache feuerfeste Form legen und mit Öl beträufeln. Auf der Schiene über dem Hähnchen 45 Minuten backen, bis die Haut der Paprika schwarz wird.

[7] Die Knoblauchzehen aus den Schalen drücken. Zwiebeln, Knoblauch und die Kochflüssigkeit im Mixer pürieren. Die Masse in einen sauberen Topf gießen.

[8] Die Folie öffnen und das Hähnchen auf eine große Servierplatte gleiten lassen. Das geröstete Gemüse in einer Schüssel anrichten und mit Petersilie garnieren. Das Knoblauchpüree nochmals erwärmen. Die Salzkruste über dem Hähnchen aufschlagen und vor dem Tranchieren beiseiteschieben. Knoblauchpüree und Paprikagemüse separat servieren.

[1] Den Backofen auf 220 °C vorheizen. Das Hähnchen in eine hohe feuerfeste Form legen, in die es ganz hineinpaßt. Die Form zuvor mit einer doppelten Schicht dicker Alufolie auskleiden, dabei reichlich Folie über den Rand der Form hinausragen lassen.

HUHN UND WILDGEFLÜGEL

GEWÜRZENTE MIT BIRNEN

Vorbild für diesen delikaten Schmortopf ist ein katalanisches Gericht aus Gans oder Ente. Erst gegen Ende der Garzeit fügt man die angebratenen Birnen und die Picarda hinzu, eine würzige Paste aus zerdrückten Pinienkernen und Knoblauch, die dem Gericht Aroma verleiht und es zugleich andickt.

6 Enstenteile aus Brust oder Keule
1 EL Olivenöl
1 Zwiebel, in Scheiben geschnitten
1 Zimtstange, halbiert
2 Thymianzweige
475 ml Hühnerbrühe

ZUM GARNIEREN
3 feste, reife Birnen
2 EL Olivenöl
2 Knoblauchzehen, in Scheiben geschnitten
25 g Pinienkerne
½ TL Safranfäden
25 g Rosinen
Salz und schwarzer Pfeffer
Frische Thymianzweige oder Petersilie

6 PORTIONEN

1 Den Backofen auf 180 °C vorheizen. Die Ententeile portionsweise etwa 5 Minuten in Olivenöl anbraten, bis die Haut goldbraun ist. In eine feuerfeste Form legen und das Fett in der Pfanne bis auf 1 EL abgießen.

2 Die Zwiebeln 5 Minuten anbräunen. Zimtstange, Thymian und Brühe hinzufügen und aufkochen. Über das Entenfleisch gießen und 1¼ Stunden im Backofen garen.

3 In der Zwischenzeit die Birnen schälen, entkernen und halbieren. In dem Öl rasch anbraten, bis die Schnittflächen sich goldbraun färben. Knoblauch, Pinienkerne und Safranfäden im Mörser zu einer dicken, glatten Paste verreiben.

4 Die Paste zusammen mit den Rosinen und Birnen zur Ente geben und weitere 15 Minuten backen, bis die Birnen weich sind.

5 Mit Salz und Pfeffer abschmecken und mit Thymian oder Petersilie garnieren. Nach Belieben mit Kartoffelpüree und grünem Gemüse servieren.

SO GEHT'S BESSER
Grundlage für dieses Gericht ist ein gehaltvoller Fond. Kaufen Sie eine große Ente (und zusätzlich zwei Entenbrüste dazu, wenn die Portionen großzügig ausfallen sollen), zerlegen Sie sie selbst und kochen Sie aus Innereien und Knochen eine gute Brühe. Man kann natürlich auch Ententeile kaufen und fertige Hühnerbrühe verwenden.

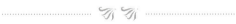

HUHN UND WILDGEFLÜGEL

KANINCHEN SALMOREJO

Auf dem Wochenmarkt werden oft fertig zerlegte Kaninchenteile angeboten, die in diesem leichten, würzigen Schmortopf aus Spanien eine interessante Abwechslung zu Geflügel bieten.

675 g Kaninchenteile
300 ml trockener Weißwein
1 EL Sherryessig
Ein paar Oreganozweige
2 Lorbeerblätter
6 EL Olivenöl
175 g kleine ganze Zwiebeln, gepellt
1 rote Chilischote, fein gehackt
4 Knoblauchzehen, in Scheiben geschnitten
2 TL Paprikapulver
150 ml Hühnerbrühe
Salz und schwarzer Pfeffer aus der Mühle
Glattblättrige Petersilie zum Garnieren

4 PORTIONEN

1. Kaninchenteile in eine Schüssel legen. Wein, Essig, Oregano und Lorbeer hinzufügen und kurz vermengen. Zugedeckt mehrere Stunden oder über Nacht ziehen lassen.

2. Kaninchenteile abtropfen, die Marinade aber auffangen. Mit Küchenpapier trockentupfen. Das Öl in einer großen Pfanne erhitzen. Die Kaninchenteile darin von allen Seiten goldbraun braten und herausheben. Die Zwiebeln leicht anbräunen.

3. Die Zwiebeln aus der Pfanne nehmen und nun Chili, Knoblauch und Paprikapulver etwa 1 Minute braten. Marinade und Brühe angießen und abschmecken.

4. Die Kaninchenteile und die Zwiebeln zurück in die Pfanne geben. Zum Kochen bringen, die Temperatur reduzieren und zugedeckt etwa 45 Minuten köcheln lassen, bis das Fleisch gar ist. Nach Belieben mit etwas Petersilie garnieren.

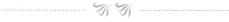

SO GEHT'S BESSER
Anstatt in der Pfanne können Sie dieses Gericht auch in einer feuerfesten Form 50 Minuten lang bei 180 °C im Backofen garen.

HUHN UND WILDGEFLÜGEL

ENTENBRUST MIT EINER WALNUSS-GRANATAPFELSAUCE

Dieses ausgefallene, exotisch süßsaure Gericht stammt ursprünglich aus Persien.

4 EL Olivenöl
2 Zwiebeln, in sehr feine Ringe geschnitten
½ TL Kurkuma, gemahlen
400 g Walnüsse, grob gehackt
1 l Enten- oder Hühnerbrühe
6 Granatäpfel
2 EL feiner Zucker
4 EL Zitronensaft
4 Entenbrüste von je etwa 225 g
Salz und schwarzer Pfeffer

6 Portionen

So geht's besser
Wählen Sie Granatäpfel mit heller, glänzender Oberfläche. Der Saft färbt, schneiden Sie sie daher vorsichtig auf. Nur die Beeren im Inneren werden benötigt. Sie müssen vorsichtig aus der Schale gelöst werden.

1 2 El Öl in einer Pfanne erhitzen. Zwiebeln mit dem Kurkuma glasig braten. In einen Topf füllen, Walnüsse und Brühe hinzufügen, salzen und pfeffern und unter Rühren zum Kochen bringen. Ohne Deckel 20 Minuten köcheln lassen.

2 Die Granatäpfel halbieren, die Kerne mit einem Löffel herauslösen und in eine Schüssel geben. Die Kerne eines Granatapfels beiseite stellen, die übrigen im Mixer pürieren. Durch ein Sieb streichen und den Saft mit Zucker und Zitronensaft verrühren.

3 Haut der Entenbrüste mit einem scharfen Messer über Kreuz einschneiden. 2 EL Öl in einer Bratpfanne erhitzen und die Entenbrüste mit der Haut nach unten hineinlegen.

4 10 Minuten sachte braten, bis die Haut goldbraun und knusprig ist, dabei gelegentlich das Fett abschöpfen. Das Fleisch wenden und weitere 3–4 Minuten braten. Auf einen Teller legen und ruhen lassen.

5 Mit dem Granatapfelsaft ablöschen und den Bratensatz mit einem Holzlöffel lösen. Die Walnußbrühe angießen und die Sauce 15 Minuten lang reduzieren. Die Entenbrüste in Scheiben schneiden, mit den aufbewahrten Granatapfelkernen garnieren und mit etwas Sauce überzogen servieren. Die restliche Sauce separat reichen.

HUHN UND WILDGEFLÜGEL

TAUBENBRÜSTE MIT PANCETTA

Zarte, saftige Taubenbrüste sind im Nu zubereitet und machen auf Gäste großen Eindruck.
Servieren Sie dieses Gericht nach italienischer Art mit Polenta und schlichtem grünen Blattgemüse.

4 ganze Tauben
2 große Zwiebeln
2 Möhren, grob gehackt
1 Stange Staudensellerie, geputzt und grob gehackt
25 g getrocknete Steinpilze
50 g Pancetta (Bauchspeck)
25 g Butter
2 EL Olivenöl
2 Knoblauchzehen, zerdrückt
150 ml Rotwein
Salz und schwarzer Pfeffer aus der Mühle
Glattblättrige Petersilie zum Garnieren
Dazu passen gebratene Austernseitlinge

4 PORTIONEN

1 Um die Taubenbrüste auszulösen, jede Taube der Länge nach am Brustbein entlang einschneiden und vorsichtig auf einer Seite das Fleisch vom Knochen schaben, bis die Brust im ganzen ausgelöst werden kann. Auf der anderen Seite ebenso verfahren.

2 Die Taubenkörper in einen Topf legen, eine der Zwiebeln mit Schale halbieren und zusammen mit Möhren und Sellerie zugeben. Knapp mit Wasser bedecken und zum Kochen bringen. Ohne Deckel 1½ Stunden köcheln lassen, so daß ein dunkler, kräftiger Fond entsteht. Etwas abkühlen lassen, dann durch ein Sieb in eine Schüssel abgießen.

3 Die getrockneten Pilze 30 Minuten lang in 150 ml warmem Wasser einweichen. Den Speck fein würfeln.

4 Die zweite Zwiebel schälen und fein würfeln. Die Hälfte der Butter in einer Pfanne zerlassen, Zwiebel und Speck dazugeben und 3 Minuten anbraten. Die Taubenbrüste mit der Haut nach unten in der Pfanne 2 Minuten anbräunen, wenden und nochmals 2 Minuten braten.

5 Die Pilze samt Einweichflüssigkeit, Knoblauch, Wein und 250 ml Brühe hinzufügen. Aufkochen, die Hitze sofort reduzieren und 5 Minuten köcheln lassen, bis die Taubenbrüste weich, in der Mitte jedoch noch rosa sind.

6 Die Taubenbrüste herausnehmen und warm stellen. Die Sauce nochmals aufkochen und etwas reduzieren. Die restliche Butter mit einem Schneebesen unterziehen, mit Salz und Pfeffer abschmecken.

7 Die Taubenbrüste auf vorgewärmte Teller legen und mit der Sauce überziehen. Mit Petersilie garnieren und sofort servieren, dazu Austernpilze reichen.

SO GEHT'S BESSER

Wenn Ihr Metzger Ihnen frische Tauben besorgen kann, bitten Sie ihn, die Brüste schon vorab auszulösen. Man kann von ganzen Tauben auch die Keulen abtrennen und zusammen mit den Bruststücken braten, doch sind sie nicht besonders fleischig.

192

HUHN UND WILDGEFLÜGEL

HUHN UND WILDGEFLÜGEL

MAROKKANISCHE TAUBENPASTETE

Dieses Rezept basiert auf der marokkanischen Pastilla, einer aus Brik-Teig hergestellten, mit einer leckeren Mischung aus Taube, Eiern, Gewürzen und Nüssen gefüllten Pastete. Sollten Sie keine Tauben bekommen, tut es Hähnchen fast ebenso gut.

3 Tauben
50 g Butter
1 Zwiebel, gehackt
1 Zimtstange
½ TL Ingwer, gemahlen
2 EL frische Korianderblätter, gehackt
3 EL frische Petersilie, gehackt
1 Prise Kurkuma, gemahlen
1 EL feiner Zucker
¼ TL Zimt, gemahlen
115 g geröstete Mandeln, fein gehackt
6 Eier, verquirlt
Salz und schwarzer Pfeffer
Zimt und Puderzucker zum Dekorieren

FÜR DEN TEIG
175 g zerlassene Butter
16 Platten Brik-Teig
1 Eigelb

6 PORTIONEN

1. Die Tauben waschen und mit Butter, Zwiebeln, Zimt, Ingwer, Koriander, Petersilie und Kurkuma in einen Topf geben, mit Salz und Pfeffer würzen. Knapp mit Wasser bedecken und zugedeckt etwa 1 Stunde köcheln lassen, bis das Taubenfleisch sehr weich ist.

2. Abgießen, die Brühe jedoch auffangen. Die Tauben häuten und entbeinen, das Fleisch in Stücke zerteilen. Den Backofen auf 180 °C vorheizen. Zucker, Zimt und Mandeln mischen und beiseite stellen.

3. Von der aufbewahrten Brühe 150 ml abmessen und in einen kleinen Topf geben. Die Eier zugeben und gründlich verrühren. Auf kleiner Flamme rühren, bis die Masse andickt und zu stocken beginnt. Mit Salz und Pfeffer würzen.

4. Eine feuerfeste Form von 30 cm Durchmesser mit zerlassener Butter einfetten und mit einer Platte Brik-Teig auslegen, diese mit Butter bepinseln und 5 weitere Blätter in gleicher Weise darüber schichten. Darauf die Mandelmischung geben, dann die Hälfte der Eiercreme.

5. Mit etwas Brühe befeuchten und vier Teigplatten darüber schichten, jede mit Butter einpinseln. Taubenfleisch und die restliche Eiercreme auflegen und erneut mit Brühe befeuchten. Mit dem übrigen Teig zudecken, jedes Blatt mit Butter einpinseln.

6. Pastete mit Eigelb bepinseln und 40 Minuten bei mittlerer Hitze backen. Temperatur auf 200 °C erhöhen und noch 15 Minuten backen, bis der Teig goldbraun ist. Mit Zimt und Puderzucker dekoriert warm servieren.

Getreide und Hülsenfrüchte

In den Mittelmeerländern gibt es zahlreiche wunderbare Rezepte für Getreide und Hülsenfrüchte in Form von Risotto, Paella, Pizza und Pasta, Salaten und Schmortöpfen.

Getreide und Hülsenfrüchte

Die Länder rings um das Mittelmeer bringen eine fast unerschöpfliche Menge und Vielfalt an Getreiden und Hülsenfrüchten hervor, wobei Weizen als älteste Getreidesorte der Region überwiegt. Dieses Grundnahrungsmittel findet in zahlreichen traditionellen Gerichten und Spezialitäten Verwendung. Durch jahrhundertelangen regen Handel wurden viele Rezepte, die ursprünglich aus einem bestimmten Land stammten, rings ums Mittelmeer mit leichen Abwandlungen in der Zubereitungsmethode oder den Zutaten verbreitet.

Bei Nudeln zum Beispiel denkt man zwar vor allem an Italien, sie gehören aber genausogut in die Küche des östlichen Mittelmeerraums, wo man sie *rishta* nennt. In Spanien heißen sie *fideos*, in Ägypten *macaroni* oder *koshari*.

Brot ist überall unerläßlicher Bestandteil jeder Mahlzeit. Wenn man bedenkt, daß es ja eigentlich immer aus den gleichen Grundzutaten besteht, überrascht die große Sortenvielfalt. In Italien findet man Olivenbrote wie *focaccia* und *ciabatta*, trockene Sorten wie *grissini* oder mit getrockneten Tomaten oder Kräutern angereichertes Weißbrot. In Frankreich erkennt man unschwer, welche Bedeutung frisch gebackenes Brot hat, seien es butterzarte *brioches* oder krosse *baguettes*. Die Bäckereien haben den ganzen Tag geöffnet und verkaufen ein knuspriges Stangenbrot nach dem anderen. Zu Festtagen gibt es noch heute in vielen Ländern besondere Sorten, so etwa den griechischen Osterzopf mit Nüssen und Früchten, der mit hartgekochten, rot gefärbten Eiern verziert wird. Der Legende nach soll jeder, der davon ißt, vor bösen Mächten geschützt sein.

Die flachen Fladenbrote des östlichen Mittelmeerraums und Nordafrikas werden zu jeder Mahlzeit gegessen. Am bekanntesten dürfte *pitta* sein, die es in unterschiedlichen Formen und Größen gibt. In der Türkei backt man ein riesiges Fladenbrot, das sich im Backofen wie ein Ballon aufplustert. Aufgrund seiner weichen, griffigen Struktur eignet sich dieses Brot hervorragend dazu, die würzigen Saucen aufzutunken. Oft ersetzt Pitta-Brot Messer und Gabel, und zu Taschen aufgeschnitten läßt es sich gut mit Salaten, Bohnen, *falafel* und Fleischgerichten füllen.

Aus Weizenmehl werden auch die in Nordafrika und dem südöstlichen Mittelmeerraum sehr geschätzten Speisen mit Brik-Teig hergestellt, der in Griechenland *fillo* und in der Türkei *yufka* heißt. Es handelt sich dabei um einen sehr dünn ausgerollten Teig, der mit Olivenöl oder zerlassener Butter bepinselt und geschichtet wird. Nach dem Backen erinnert Brik an Blätterteig, ist aber noch leichter und knuspriger. Man verwendet Brik-Teig für zahlreiche süße und pikante Spezialitäten wie die marokkanische *pastilla*, eine mit Nelken und Zimt delikat gewürzte Taubenpastete.

Regionale Klassiker wie der nordafrikanische *couscous* werden ebenfalls aus Weizen gemacht. Als Kuskus bezeichnet man sowohl den grob geschroteten Hartweizen als auch das fertige Gericht, bei dem die gedämpften Körnchen mit einem würzigen Fleisch- oder Gemüseragout ergänzt werden.

Unten: Spanien produziert eine große Vielfalt an Getreiden, wie hier in einer typischen Marktauslage zu sehen ist.

GETREIDE UND HÜLSENFRÜCHTE

OBEN: *Das fruchtbare Tal des Guadalquivir in Spanien.*

Reis ist schon seit zwölfhundert Jahren fester Bestandteil der Mittelmeerküche. Die Araber brachten ihn im 8. Jahrhundert von Persien und Asien ans östliche Mittelmeer und führten ihn auch in Südspanien ein. Nicht nur die aus den Fischerdörfern Andalusiens stammende *paella* – heute das Nationalgericht Spaniens – wird mit Reis zubereitet, ebenso auch viele andere Gerichte wie beispielsweise die *zarzuela*, ein festlicher Reistopf mit Fisch und Krustentieren. Auch die Italiener lieben Reis, vor allem Rundkornreis wie *arborio*, der die Grundlage für das echte, klassische Risotto alla Milanese bildet, das mit Safran, Wein und Parmesan gewürzt wird. Die feurigen, trockenen *pilaus*, die man in der Türkei und dem Nahen Osten zubereitet, liebt man dagegen scharf gewürzt und mit zahlreichen Kräutern, Dörrobst, Nüssen und Gemüsen angereichert.

Kichererbsen sind die wohl am weitesten verbreiteten Hülsenfrüchte des Mittelmeerraums; aus ihnen macht man cremige Pasten wie das bekannte *hummus*. Neben anderen Hülsenfrüchten werden sie sehr viel in kalten, mit Knoblauch angemachten Salaten und als Suppengrundlage verwendet.

Getrocknete Bohnen sind traditionell ein bäuerliches Essen. Sie benötigen eine lange Kochzeit auf kleiner Flamme und werden mit preiswerten Fleischsorten oder Knoblauchwurst kombiniert. Zusammen mit ortstypischen Gemüsesorten stellen Bohnenkerne die wesentliche Zutat vieler köstlicher Suppen und Ragouts dar, beispielsweise für das französische *cassoulet*.

Vor dem Kochen sollte man getrocknete Bohnenkerne über Nacht in Wasser einweichen. Man kocht sie 10 Minuten auf großer Flamme, damit die Giftstoffe herausziehen, läßt sie die restliche Garzeit auf kleiner Flamme vor sich hin köcheln und schüttet dann das Kochwasser ab. Salz wird grundsätzlich erst gegen Ende der Kochzeit hinzugefügt, weil die Bohnenkerne sonst hart werden.

GETREIDE UND HÜLSENFRÜCHTE

HUMMUS BI TAHINA

Püriert man Kichererbsen mit Knoblauch und Öl, erhält man eine herrlich cremige Paste, die auf einer türkischen Vorspeisenplatte oder als Dip zu Gemüse serviert werden kann.

150 g getrocknete Kichererbsen
Saft von 2 Zitronen
2 Knoblauchzehen, in Scheiben geschnitten
2 EL Olivenöl
1 Prise Cayennepfeffer
150 ml Tahini (Sesampaste)
Salz und schwarzer Pfeffer aus der Mühle
Zusätzliches Olivenöl zum Beträufeln und Cayennepfeffer
Glattblättrige Petersilie

4–6 PORTIONEN

1 Die Kichererbsen in reichlich kaltem Wasser über Nacht einweichen.

2 Die Kichererbsen abgießen, in einem Topf mit frischem Wasser bedeckt zum Kochen bringen und 10 Minuten sprudelnd kochen. Die Hitze herunterschalten und etwa 1 Stunde weich kochen. Abgießen.

3 Im Mixer die Kichererbsen glattpürieren. Zitronensaft, Knoblauch, Olivenöl, Cayennepfeffer und Tahini hinzufügen und zu einer Paste rühren, dabei immer wieder von der Schüsselwand nach unten schaben.

4 Das Püree mit Salz und Pfeffer abschmecken und anrichten. Mit Öl beträufeln, Cayennepfeffer darüber stäuben und mit glattblättriger Petersilie garniert servieren.

SO GEHT'S BESSER
Kichererbsen aus der Dose sind sehr praktisch. Rechnen Sie zwei 400-g-Dosen und lassen Sie die Flüssigkeit gut ablaufen. Tahini ist heutzutage in vielen Supermärkten und Bioläden erhältlich.

GETREIDE UND HÜLSENFRÜCHTE

FALAFEL

In Nordafrika werden diese pikanten fritierten Bällchen aus Ackerbohnen gemacht, wir nehmen hier aber Kichererbsen, da sie bei uns leichter zu bekommen sind.

150 g getrocknete Kichererbsen
1 große Zwiebel, grob gehackt
2 Knoblauchzehen, grob gehackt
4 EL Petersilie, grob gehackt
1 TL Kreuzkümmelsamen, zerdrückt
1 TL Korianderkörner, zerdrückt
½ TL Backpulver
Salz und schwarzer Pfeffer
Öl zum Fritieren
Pitta-Brot, Salat und Joghurt

4 PORTIONEN

1. Die Kichererbsen in reichlich kaltem Wasser über Nacht einweichen.

2. Die Kichererbsen abgießen, in einem Topf mit Wasser bedeckt 10 Minuten sprudelnd kochen. Die Hitze herunterschalten und etwa 1 Stunde weich kochen. Abgießen.

3. Im Mixer zusammen mit Zwiebeln, Knoblauch, Petersilie, Kreuzkümmel, Koriander und Backpulver zu einer festen Paste pürieren. Mit Salz und Pfeffer würzen.

4. Die Masse zu walnußgroßen Bällchen formen und etwas flachdrücken. In einer Pfanne 5 cm hoch Öl erhitzen. Die Bällchen portionsweise goldgelb fritieren, auf Küchenpapier abtropfen lassen und warm stellen, bis alle Bällchen fertig sind. In Pitta-Brot mit Salat und Joghurt warm servieren.

GETREIDE UND HÜLSENFRÜCHTE

Brot mit getrockneten Tomaten

In Süditalien werden Tomaten meist einfach in der Sonne getrocknet und für den Winter an Bindfäden in der Küche aufhängt oder in Öl eingelegt – solche Tomaten kann man auch bei uns kaufen.

675 g Mehl Type 550
2 TL Salz
25 g Zucker
25 g frische Hefe
400–475 ml warme Milch
1 EL Tomatenmark
75 g getrocknete Tomaten, abgetropft und kleingeschnitten
5 EL Öl aus dem Glas mit den getrockneten Tomaten
5 EL kaltgepreßtes Olivenöl
1 große Zwiebel, gehackt

ERGIBT 4 KLEINE BROTLAIBE

[2] Das Tomatenmark mit der restlichen Milch glattrühren und zusammen mit dem Tomaten- und Olivenöl zur Hefemischung geben.

[3] Das Mehl nach und nach mit den flüssigen Zutaten zu einem Teig vermengen. Diesen auf eine bemehlte Arbeitsfläche stürzen und etwa 10 Minuten kneten, bis er glatt und elastisch ist. In eine saubere Schüssel legen, mit einem Tuch zudecken und etwa 2 Stunden an einem warmen Ort gehen lassen.

[4] Den Teig zusammenklopfen, Tomaten und Zwiebel zugeben und gleichmäßig verkneten. Vier runde Brotlaibe formen, auf ein gefettetes Backblech legen und mit einem Geschirrtuch zugedeckt weitere 45 Minuten gehen lassen.

[5] Den Backofen auf 190 °C vorheizen. Die Brote 45 Minuten backen, bis sie beim Beklopfen hohl klingen. Auf einem Kuchengitter etwas abkühlen lassen, jedoch noch warm servieren, etwa zu einer Vorspeisenplatte. Auch mit geriebenem Mozzarella überbacken sehr lecker.

[1] Mehl, Salz und Zucker in eine Schüssel sieben und in die Mitte eine Vertiefung drücken. Darein 150 ml der warmen Milch gießen und die Hefe darüber bröckeln.

SO GEHT'S BESSER
Die Tomaten schneidet man am besten mit einer Küchenschere.

GETREIDE UND HÜLSENFRÜCHTE

GRIECHISCHES OSTERBROT

Dieses Brot gibt es zu Ostern in Griechenland in jeder Bäckerei zu kaufen, viele Hausfrauen backen es aber auch selbst. Nach alter Tradition wird es mit rotgefärbten Eiern dekoriert.

25 g frische Hefe
120 ml warme Milch
675 g Mehl Type 550
2 Eier, verquirlt
½ TL Kümmel
1 EL Zucker
1 EL Weinbrand
50 g zerlassene Butter
1 Eiweiß, verquirlt
2–3 hartgekochte Eier, rot gefärbt
50 g Mandelhälften

ERGIBT 1 LAIB

2 Das übrige Mehl in eine große Rührschüssel sieben. Die aufgegangene Hefemasse in eine Vertiefung in der Mitte schütten und etwas Mehl von den Seiten darüber stäuben. Eier, Kümmel, Zucker und Weinbrand hinzufügen. Alles mit dem Mehl zu einem Teig vermengen.

3 Die zerlassene Butter einmengen. Auf die bemehlte Arbeitsfläche stürzen und 10 Minuten kneten, bis der Teig glatt und elastisch ist. Zugedeckt in einer Schüssel an einem warmen Ort 3 Stunden gehen lassen.

4 Den Backofen auf 180 °C vorheizen. Den Teig zusammenklopfen und ein paar Minuten kneten. Den Teig in drei Stücke teilen und jedes zu einer langen Rolle formen. Die Rollen wie auf dem Foto gezeigt zu einem Zopf flechten und diesen auf ein gefettetes Backblech legen.

5 Die Teigenden nach unten einschlagen, mit Eiweiß einpinseln und mit den Eiern und Mandelhälften dekorieren. Etwa 1 Stunde backen, bis es beim Beklopfen hohl klingt. Auf einem Kuchengitter auskühlen lassen.

1 Hefe in eine Schüssel bröckeln und in 1–2 EL warmem Wasser auflösen. Milch und 115 g Mehl hinzufügen und zu einer sämigen Masse verrühren. Mit einem Tuch zugedeckt an einem warmen Ort 1 Stunde gehen lassen.

SO GEHT'S BESSER
Frische Hefe bekommt man beim Bäcker und im Lebensmittelgeschäft. Sie sollte hell-cremefarben und fest, aber etwas bröckelig sein.

GETREIDE UND HÜLSENFRÜCHTE

FOCACCIA

Dieses Fladenbrot stammt aus Genua und wird aus Mehl, Olivenöl und Salz hergestellt. Es gibt zahlreiche Varianten aus anderen Regionen, zum Beispiel mit Zwiebeln, Oliven oder Kräutern belegte Brote.

25 g frische Hefe
400 g Mehl Type 550
2 TL Salz
5 EL Olivenöl
2 TL grobes Meersalz

1 BROT VON 25 CM DURCHMESSER

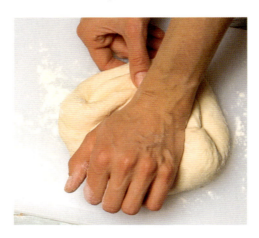

1. Die Hefe in 120 ml warmem Wasser auflösen und 10 Minuten gehen lassen. Das Mehl in eine große Rührschüssel sieben, Hefe, Salz und 2 EL Öl hinzufügen und mit Mehl und 150 ml weiterem Wasser zu einem Teig verrühren.

2. Den Teig auf eine bemehlte Arbeitsfläche stürzen und etwa 10 Minuten kneten, bis er glatt und elastisch ist. Wieder in die Schüssel legen und mit einem Tuch zugedeckt an einem warmen Ort 2–2½ Stunden auf das Doppelte gehen lassen.

3. Den Teig erneut kurz durchkneten. In eine gefettete Tortenform von 25 cm Durchmesser drücken und mit einem feuchten Tuch zugedeckt 30 Minuten gehen lassen.

4. Den Backofen auf 200 °C vorheizen. Mit dem Finger kleine Dellen in die Oberfläche des Teigs drücken. Das restliche Öl auf den Teig gießen und mit einem Backpinsel bis an die Ränder ausstreichen. Mit Salz bestreuen.

5. In rund 20–25 Minuten hellbraun backen. Vorsichtig aus der Form nehmen und auf einem Kuchengitter auskühlen lassen. Das Brot schmeckt am besten ganz frisch, läßt sich aber auch gut einfrieren.

GETREIDE UND HÜLSENFRÜCHTE

FOCACCIA MIT ZWIEBELN

Das Pizza-ähnliche Fladenbrot mit der typisch gedellten Oberfläche kann mit Zwiebeln oder auch mit Kräutern und Oliven belegt werden und schmeckt warm vorzüglich zu Suppen oder Ragouts.

675 g Mehl Type 550
½ TL Salz
½ TL Zucker
1 EL Trockenhefe
4 EL kaltgepreßtes Olivenöl
450 ml lauwarmes Wasser

FÜR DEN BELAG
2 rote Zwiebeln, in feine Ringe geschnitten
3 EL kaltgepreßtes Olivenöl
1 EL grobes Salz

ERGIBT 2 BROTE VON ETWA 25 CM DURCHMESSER

1. Mehl, Salz und Zucker in eine Schüssel sieben. Hefe, Öl und Wasser einarbeiten, ggf. etwas mehr Wasser einkneten, sollte der Teig zu trocken sein.

2. Auf einer bemehlten Arbeitsfläche etwa 10 Minuten kneten, bis der Teig glatt und elastisch ist.

3. Den Teig in eine gefettete Schüssel legen und mit einem Tuch abdecken. An einem warmen Ort auf das Doppelte aufgehen lassen.

4. Zwei Formen von 25 cm Durchmesser (oder zwei Backringe auf einem Backblech) mit Öl bepinseln.

5. Den Backofen auf 200 °C vorheizen. Den Teig halbieren und jede Hälfte zu einem Kreis von 25 cm ausrollen. In die Formen drücken, mit einem feuchten Geschirrtuch abdecken und 30 Minuten gehen lassen.

6. Mit etwa 2,5 cm Abstand Dellen in den Teig drücken. Zudecken und weitere 20 Minuten gehen lassen.

7. Mit Zwiebeln bestreuen und mit Öl beträufeln. Salz darüber streuen und mit Wasser bespritzen, damit sich keine Kruste bildet.

8. Etwa 25 Minuten backen, dabei nochmals mit Wasser besprenkeln. Auf dem Gitter abkühlen lassen.

GETREIDE UND HÜLSENFRÜCHTE

PAPPARDELLE MIT OLIVEN-KAPERNSAUCE

Die hausgemachten Nudeln verdanken ihre Würze einer Paste aus getrockneten Tomaten. Der Aufwand lohnt sich allemal, doch wenn es schnell gehen soll, kann man auch fertige Nudeln verwenden.

FÜR DIE NUDELN
275 g Mehl Type 550
¼ TL Salz
3 große Eier
3 EL Paste aus getrockneten Tomaten

FÜR DIE SAUCE
115 g schwarze Oliven, entsteint
5 EL Kapern
5 Sardellenfilets, abgetropft
1 rote Chilischote, entkernt, gehackt
4 EL Basilikum, grob gehackt
4 EL Petersilie, grob gehackt
150 ml Olivenöl
4 reife Tomaten
Salz und schwarzer Pfeffer
Glattblättrige Petersilie oder Basilikum zum Garnieren
Gehobelter Parmesan zum Bestreuen

4 PORTIONEN

[1] Für die Nudeln Mehl und Salz in eine Schüssel sieben. Eier kurz mit der Tomatenpaste verrühren und die Mischung in eine Vertiefung in der Mitte geben.

[2] Mit einem stumpfen Messer durcharbeiten. Auf eine bemehlte Arbeitsfläche stürzen und 6–8 Minuten zu einem geschmeidigen weichen Teig verkneten. Ist er zu klebrig, etwas mehr Mehl einarbeiten. In Alufolie einschlagen und 30 Minuten kalt stellen.

[3] Für die Sauce Oliven, Kapern, Sardellen, Chili, Basilikum und Petersilie mit dem Öl im Mixer kurz und gründlich zerkleinern. (Man kann die Zutaten auch mit dem Wiegemesser sehr fein hacken und dann erst mit dem Öl mischen.)

[4] Die Tomaten 30 Sekunden in kochendes Wasser tauchen und mit kaltem Wasser abschrecken. Häuten, entkernen und in Würfel schneiden. Den Teig auf einer bemehlten Arbeitsfläche dünn ausrollen. Mit etwas Mehl bestäuben und wie eine Biskuitrolle aufrollen. In 1 cm breite Streifen schneiden.

[5] Die Nudelstreifen auseinanderrollen und 10 Minuten auf einem Tuch trocknen lassen.

[6] Einen großen Topf mit Salzwasser zum Kochen bringen. Die Nudeln 2–3 Minuten bißfest kochen, rasch abgießen und zurück in den Topf schütten.

[7] Die Olivenmischung und Tomaten hinzufügen, mit Salz und Pfeffer abschmecken und auf mittlerer Hitze etwa 1 Minute gleichmäßig erwärmen. Mit Petersilie oder Basilikum garnieren und mit gehobeltem Parmesan bestreut servieren.

GETREIDE UND HÜLSENFRÜCHTE

SPANISCHE PIZZA

Diese Pizza wird mit Zwiebeln, Pinienkernen, Sultaninen und Sardellen gemacht, alles Zutaten, die von den Mauren auf die Iberische Halbinsel gebracht wurden.

400 g Mehl Type 550
½ TL Salz
15 g Trockenhefe
120 ml Olivenöl
150 ml Milch und Wasser, zu gleichen Teilen vermischt
3 große Zwiebeln, in feine Ringe geschnitten
50 g Sardellen, grob gehackt
2 EL Pinienkerne
2 EL Sultaninen
1 TL getrocknete Chiliflocken

6–8 PORTIONEN

1 Mehl und Salz in eine Schüssel sieben, die Trockenhefe zugeben. 60 ml Olivenöl und etwas von der Milch-Wassermischung zufügen. Das Mehl mit der Flüssigkeit verrühren, dabei die restliche Milch-Wassermischung nach und nach angießen, bis ein Teig entsteht. Auf bemehlter Arbeitsfläche etwa 10 Minuten kneten. Den Teig in der Schüssel mit einem Tuch zugedeckt an einem warmen Ort 1 Stunde gehen lassen.

2 Das restliche Öl in einer großen Pfanne erhitzen und die Zwiebeln darin weich dünsten. Den Backofen auf 240 °C vorheizen.

3 Den Teig zu einem Rechteck von etwa 30 x 38 cm ausrollen. Auf ein gefettetes Backblech legen, mit den Zwiebeln bestreuen und Sardellen, Pinienkerne, Sultaninen und Chiliflocken darauf verteilen. Salzen und rund 10–15 Minuten backen, bis der Rand braun wird. Heiß servieren.

GETREIDE UND HÜLSENFRÜCHTE

PIZZA MIT PORCINI UND PESTO

*Pizza nach italienischer Art selbst zu machen ist sicherlich etwas zeitaufwendig,
lohnt die Mühe aber wirklich!*

FÜR DEN PIZZABODEN
350 g Mehl Type 550
¼ TL Salz
15 g Trockenhefe
1 EL Olivenöl

FÜR DEN BELAG
50 g getrocknete Porcini (Steinpilze)
25 g frisches Basilikum
25 g Pinienkerne
40 g Parmesan, dünn geschnitten
7 EL Olivenöl
2 Zwiebeln, in feine Ringe geschnitten
225 g Creme-Champignons, blättrig geschnitten
Salz und schwarzer Pfeffer aus der Mühle

4 PORTIONEN

1. Für den Pizzaboden Mehl, Salz, Trockenhefe und Olivenöl in eine Schüssel geben. 250 ml lauwarmes Wasser angießen und mit dem Messer zu einem Teig verarbeiten.

2. Auf einer bemehlten Arbeitsfläche 5 Minuten kneten, bis der Teig geschmeidig ist. In einer Schüssel mit einem feuchten Tuch zugedeckt an einem warmen Ort auf das Doppelte aufgehen lassen.

3. In der Zwischenzeit den Belag vorbereiten. Die getrockneten Pilze 20 Minuten in warmem Wasser einweichen. Für das Pesto Basilikum, Pinienkerne, Parmesan und 5 EL Öl im Mixer zu einer glatten Paste pürieren und beiseite stellen.

4. Die Zwiebeln in 7 EL Öl 3–4 Minuten kurz anbräunen. Die Champignons zugeben und 2 Minuten braten. Die eingeweichten Steinpilze hinzufügen und mit etwas Salz und Pfeffer würzen.

5. Den Backofen auf 220 °C vorheizen. Ein großes Backblech einfetten. Den Pizzateig auf eine bemehlte Arbeitsfläche stürzen, zu einem Kreis von 30 cm ausrollen und auf das Backblech legen.

6. Pesto auf dem Boden ausstreichen, die Pilzmischung darauf verteilen. Vom Rand 1 cm freilassen.

7. Pizza 35–40 Minuten backen, bis sie goldgelb ist.

GETREIDE UND HÜLSENFRÜCHTE

OLIVENBROT

Verwenden sie für dieses griechische Rezept fruchtige, in Öl oder mit Kräutern marinierte Oliven, keine Ware aus dem Glas.

2 rote Zwiebeln, in feine Ringe geschnitten
2 EL Olivenöl
225 g schwarze Oliven, entsteint
750 g Mehl Type 550
1½ TL Salz
4 TL Trockenhefe
3 EL Petersilie, Korianderblätter oder Minze, grob gehackt

Ergibt 2 Brote à 675 Gramm

1. Die Zwiebeln im Öl dünsten. Die Oliven grob hacken.

2. Mehl, Salz, Trockenhefe sowie Petersilie, Koriander oder Minze in einer Schüssel mit den Oliven und gebratenen Zwiebeln mischen und 475 ml lauwarmes Wasser hinzufügen.

VARIANTE
Aus dem Teig 16 kleine Brötchen formen, oben einschneiden und die Backzeit auf 25 Minuten reduzieren.

3. Mit dem Messer zu einem Teig verarbeiten. Ist er zu trocken, etwas mehr Wasser hinzufügen.

4. Auf einer bemehlten Arbeitsfläche 10 Minuten kneten. In einer Schüssel mit Klarsichtfolie abdecken und an einem warmen Ort auf das Doppelte aufgehen lassen.

5. Den Backofen auf 220 °C vorheizen. Zwei Backbleche leicht einfetten. Den Teig auf eine bemehlte Fläche stürzen und in zwei Hälften teilen. Zwei runde Laibe formen und auf die Backbleche legen. Locker mit gefetteter Klarsichtfolie abdecken und auf das Doppelte gehen lassen.

6. Die Brote mit einem scharfen Messer mehrfach einschneiden und 40 Minuten backen, bis sie hohl klingen, wenn man darauf klopft. Auf einem Kuchengitter abkühlen lassen.

GETREIDE UND HÜLSENFRÜCHTE

GETREIDE UND HÜLSENFRÜCHTE

GEFÜLLTE KIBBEH

Kibbeh sind eine nordafrikanische Spezialität aus Hackfleisch und Bulgur. Sie werden hier mit zusätzlichem Fleisch gefüllt und fritiert. Sie sind mäßig scharf gewürzt und schmecken gut mit pikanter Joghurtsauce.

450 g mageres Lammfleisch (bzw. mageres Lamm- oder Rinderhack)
Öl zum Fritieren
Avocadoscheiben und Korianderzweige zum Garnieren

FÜR DIE KIBBEH
225 g Bulgur
1 rote Chilischote, entkernt, gehackt
1 Zwiebel, grob gehackt
Salz und schwarzer Pfeffer aus der Mühle

FÜR DIE FÜLLUNG
1 Zwiebel, fein gehackt
50 g Pinienkerne
2 EL Olivenöl
1½ TL Piment, gemahlen
4 EL frische Korianderblätter, gehackt

4–6 PORTIONEN

1 Falls nötig, das Lammfleisch in Stücke schneiden und im Mixer fein hacken. Das Fleisch in zwei Portionen teilen.

2 Für die Kibbeh den Bulgur 15 Minuten in kaltem Wasser einweichen. Gut abtropfen lassen. Mit Chilischote, Zwiebel, der Hälfte des Fleisches und reichlich Salz und Pfeffer im Mixer pürieren.

3 Für die Füllung Zwiebeln und Pinienkerne 5 Minuten in Öl anbraten. Piment und das restliche Hackfleisch hinzufügen und sachte bräunen, dabei mit einem Holzlöffel auseinanderdrücken. Koriander, Salz und Pfeffer einstreuen.

4 Die Kibbeh-Mischung zu einem runden Kuchen formen. In 12 Stücke schneiden.

5 Jede Portion flachdrücken und etwas von der Füllung hineingeben. Die Ränder zusammenklappen und die Füllung damit ganz einhüllen. Zwischen den Handflächen zu einer länglichen Rolle formen und dabei aufpassen, daß die Füllung fest verpackt ist. Mit den übrigen Kibbeh ebenso verfahren.

6 In einer Fritierpfanne 5 cm hoch Öl erhitzen, bis es Blasen wirft, wenn man eine Probe hineingibt.

7 Die Hälfte der Kibbeh 5 Minuten in dem Öl goldgelb ausbacken. Auf Küchenpapier abtropfen und warm stellen, während die zweite Hälfte fritiert wird. Mit Avocadoscheiben und Korianderblatt servieren.

GETREIDE UND HÜLSENFRÜCHTE

GETREIDE UND HÜLSENFRÜCHTE

ÄGYPTISCHES REISGERICHT MIT LINSEN

Im Orient bereitet man Linsen auf vielerlei Art mit Gewürzen zu. Dieses vegetarische, eiweißreiche Gericht kann warm oder kalt serviert werden.

350 g große braune Linsen, über Nacht in Wasser eingeweicht
2 große Zwiebeln
3 EL Olivenöl
1 EL Kreuzkümmel, gemahlen
½ TL Zimt, gemahlen
225 g Langkornreis
Salz und schwarzer Pfeffer aus der Mühle
Glattblättrige Petersilie

6 PORTIONEN

1. Die Linsen abschütten und in einen großen Topf füllen. So viel Wasser hinzugeben, daß sie 5 cm hoch bedeckt sind. 40 Minuten vorkochen. Gründlich abtropfen lassen.

2. Eine Zwiebel fein hacken, die andere in Ringe schneiden. Die gehackte Zwiebel in 1 EL Öl weich dünsten. Linsen, Salz, Pfeffer, Kreuzkümmel und Zimt hinzufügen.

3. Den Reis und die gleiche Menge Wasser zu den Linsen geben. Zugedeckt etwa 20 Minuten köcheln lassen, bis Reis und Linsen gar sind. 2 EL Öl in einer Pfanne erhitzen und die Zwiebelringe dunkelbraun rösten. Die Reismischung in eine Schüssel füllen, die Zwiebelringe darauf geben und mit glattblättriger Petersilie garniert warm oder kalt servieren.

GETREIDE UND HÜLSENFRÜCHTE

GEBACKENE KÄSEPOLENTA MIT TOMATENSAUCE

Polenta, also Maisgrieß, ist eines der Grundnahrungsmittel Italiens. Sie wird zu Brei gekocht und entweder cremig serviert oder erstarrt und in Stücke geschnitten ausgebacken bzw. gegrillt.

1 TL Salz
250 g Instant-Polenta
1 TL Paprika
½ TL Muskatnuß, gemahlen
2 EL Olivenöl
1 große Zwiebel, fein gewürfelt
2 Knoblauchzehen, zerdrückt
Zwei 400-g-Dosen gehackte Tomaten
1 EL Tomatenmark
1 TL Zucker
Salz und schwarzer Pfeffer aus der Mühle
75 g geriebener Gruyère

4 PORTIONEN

[1] Backofen auf 200 °C vorheizen. Eine Backform (28 x 18 cm) mit Klarsichtfolie auskleiden. 1 l Wasser mit dem Salz zum Kochen bringen.

[2] Die Polenta langsam ins Wasser rieseln lassen und unter Rühren 5 Minuten kochen. Paprikapulver und Muskatnuß unterziehen. Die Polenta in die Form schütten und die Oberfläche glattstreichen. Abkühlen lassen.

[3] In einem Topf Zwiebeln und Knoblauch im Öl weich dünsten. Tomaten, Tomatenmark und Zucker hinzufügen, würzen. 20 Minuten köcheln lassen.

[4] Die Polenta auf ein Schneidbrett stürzen und in 5 x 5 cm große Quadrate schneiden. Die Hälfte davon in eine gefettete Backform legen, Tomatensauce darauf verteilen und Käse darüber streuen. Bei der zweiten Schicht ebenso verfahren. In 25 Minuten goldgelb backen.

GETREIDE UND HÜLSENFRÜCHTE

PILAU MIT SAFRAN UND GRÜNEN WALNÜSSEN

Eingelegte grüne Walnüsse haben ein mild-pikantes Aroma, das gut zu Reisgerichten paßt. Dieser Pilau kann als vegetarisches Hauptgericht oder als Beilage zu gegrilltem Lammfleisch serviert werden.

1 TL Safranfäden
40 g Pinienkerne
3 EL Olivenöl
1 große Zwiebel, gehackt
3 Knoblauchzehen, zerdrückt
¼ TL Piment, gemahlen
Ein 4 cm langes Stück frischer Ingwer, gerieben
225 g Langkornreis
300 ml Gemüsebrühe
50 g eingelegte grüne Walnüsse (Konserve), abgetropft, grob gehackt
40 g Rosinen
3 EL Korianderblätter, grob gehackt
Salz und schwarzer Pfeffer
Petersilie zum Garnieren
Dazu paßt Naturjoghurt

4 PORTIONEN

1 Den Safran in einer Schüssel mit 1 EL kochendem Wasser übergießen und ziehen lassen. Pinienkerne ohne Fett in einer Pfanne goldbraun rösten und beiseite stellen.

2 Das Öl in der Pfanne erhitzen, Zwiebel, Knoblauch und Piment 3 Minuten braten. Ingwer und Reis hinzufügen, 1 Minute weiterbraten.

3 Die Brühe angießen und zum Kochen bringen. Zugedeckt 15 Minuten köcheln lassen, bis der Reis gar ist, aber noch Biß hat.

4 Safran mitsamt Einweichflüssigkeit, Pinienkerne, Walnüsse, Rosinen und Koriander unterheben. Mit Salz und Pfeffer abschmecken. Auf kleiner Flamme 2 Minuten gut erhitzen. Mit Petersilie garnieren. Dazu Naturjoghurt servieren.

VARIANTE
Anstelle der eingelegten Walnüsse eine kleine Aubergine hacken, in Öl braten und unterheben.

GETREIDE UND HÜLSENFRÜCHTE

RISOTTO ALLA MILANESE

Italienische Risotti weisen eine cremige Konsistenz auf, die sie dem Arborio-Reis verdanken. Dieser Rundkornreis kann viel Flüssigkeit aufnehmen, ohne pappig zu werden. Unser Risotto mit Käse und Gremolata eignet sich als leichte Hauptmahlzeit oder als Beilage zu einem deftigen Ragout.

FÜR DIE GREMOLATA
2 Knoblauchzehen, zerdrückt
4 EL gehackte frische Petersilie
Fein abgeriebene Schale von 1 Zitrone

FÜR DAS RISOTTO
1 TL (1 Tütchen) Safranfäden
2 EL Butter
1 große Zwiebel, fein gehackt
275 g Arborio-Reis
150 ml trockener Weißwein
1 l Hühner- oder Gemüsebrühe
Salz und schwarzer Pfeffer aus der Mühle
Gehobelter Parmesankäse

4 PORTIONEN

1. Für die Gremolata Knoblauch, Petersilie und Zitronenschale vermischen und beiseite stellen.

2. Für das Risotto die Safranfäden in einer kleinen Schüssel mit 1 EL kochendem Wasser übergießen und ziehen lassen. Die Butter in einer schweren Pfanne zerlassen und die Zwiebeln darin 5 Minuten anbraten.

3. Den Reis einrühren und etwa 2 Minuten anbraten, bis er glasig wird. Den Wein und die Safranmischung hinzufügen und einige Minuten kochen, bis der Wein aufgesaugt worden ist.

4. Von der Brühe 600 ml angießen und leise köcheln lassen, bis sie aufgenommen worden ist. Dabei häufig umrühren.

5. Nach und nach löffelweise weitere Brühe hineingeben, bis der Reis gar ist. Unter Umständen ist der Reis gar, bevor die ganze Brühe aufgebraucht ist, daher zum Ende der Kochzeit mit der Brühe sparsam sein.

6. Das Risotto mit Salz und Pfeffer abschmecken und anrichten. Mit reichlich gehobeltem Parmesan und Gremolata bestreuen.

VARIANTE
Man kann auch geriebenen Parmesan direkt in das Risotto einrühren.

GETREIDE UND HÜLSENFRÜCHTE

WÜRZIGER GEMÜSE-KUSKUS

Kuskus wird aus Weizengrieß hergestellt und ist in ganz Nordafrika beliebt, vor allem in Marokko, wo er zu Fleisch, Geflügel und marokkanischen Schmorgerichten (Tagines) serviert wird.

3 EL Pflanzenöl
1 große Zwiebel, fein gehackt
2 Knoblauchzehen, zerdrückt
1 EL Tomatenmark
½ TL Kurkuma, gemahlen
½ TL Cayennepfeffer
1 TL Koriander, gemahlen
1 TL Kreuzkümmel, gemahlen
225 g Blumenkohlröschen
225 g kleine, ganze Möhren, geputzt
1 rote Paprikaschote, gewürfelt
4 Fleischtomaten
225 g Zucchini, in dicke Scheiben geschnitten
400-g-Dose Kichererbsen, abgetropft
3 EL frische Korianderblätter, gehackt
Salz und schwarzer Pfeffer
Korianderzweige zum Garnieren

FÜR DEN KUSKUS
1 TL Salz
450 g Kuskus
50 g Butter

6 PORTIONEN

1 30 ml Öl in einem Topf erhitzen und Zwiebeln und Knoblauch darin weich dünsten. Tomatenmark, Kurkuma, Cayennepfeffer, Korianderpulver und Kreuzkümmel hinzufügen und 2 Minuten unter Rühren braten.

2 Blumenkohl, Karotten und Paprika hinzufügen. Mit Wasser halb bedeckt zum Kochen bringen. Die Temperatur herunterschalten und zugedeckt 10 Minuten köcheln lassen.

SO GEHT'S BESSER
Fleischtomaten schmecken vorzüglich und sind für dieses Rezept gut geeignet. Sie können aber auch 6 normale Tomaten oder zwei 400-g-Dosen gehackte Tomaten nehmen.

3 Die Tomaten 30 Sekunden in kochendes Wasser tauchen, dann kalt abschrecken. Häuten und in Stücke schneiden. Zucchini, Kichererbsen und Tomaten zu den anderen Gemüsen hinzufügen und weitere 10 Minuten kochen. Die Korianderblätter unterheben und mit Salz und Pfeffer abschmecken. Warm stellen.

4 In einem großen Topf 475 ml Wasser zum Kochen bringen, 1 Tl Salz hinzufügen. Vom Feuer nehmen und den Kuskus hineinrühren. Etwa 2 Minuten quellen lassen, dann die Butter zugeben und gut durchwärmen. Dabei rühren, damit die Körner nicht verkleben.

5 Kuskus in eine angewärmte Schüssel füllen und das Gemüse mit der Kochflüssigkeit darüber geben. Mit Korianderblatt garniert servieren.

Dessert und Gebäck

Das klassische Dessert der Mittelmeerländer ist frisches Obst. Eis, Gebäck oder Konfekt werden üblicherweise als Zwischenmahlzeit zu starkem schwarzen Kaffee gereicht.

DESSERT UND GEBÄCK

Die Auslagen von Patisserien, Feinbäckereien und Kaffeehäusern aller mittelmeerischen Länder beeindrucken durch eine schier unendliche Fülle von Süßspeisen aller Art, von üppig mit buntem Zuckerguß dekorierten Torten und Kuchen bis zu fein gefüllten, glasierten oder kandierten Früchten. Mediterrane Süßigkeiten werden in traumhaften Geschmacksrichtungen hergestellt. Viele Desserts, Kuchen und Süßspeisen erfordern allerdings umständliche Zubereitungsarten und besondere Zutaten, so daß man sie lieber professionellen Patisseuren überlassen sollte, so etwa die cremigen, in vielen Aromen schwelgenden Eistorten Italiens und manche der Gebäckspezialitäten aus den arabischen Ländern.

Für den Hausgebrauch besteht ein Dessert meist aus einer Auswahl sonnengereifter Früchte, von Feigen über Pflaumen, Aprikosen, Pfirsiche, Melonen bis zu Kirschen. Man richtet sie zum Beispiel mit Wein- oder Feigenblättern auf einer Platte an, legt einzelne Früchte aufgeschnitten dekorativ obenauf und verteilt rings um das Obst zerstoßenes Eis zum Kühlen. Das Fleisch saftiger Früchte, etwa eisgekühlte Granatäpfel oder Orangen, wird oft mit Zucker bestreut in Schalen angerichtet und mit Rosenwasser beträufelt. Frisches Obst wird auch in Honigsirup

UNTEN: Üppige Orangenhaine im fruchtbaren Tal von Jaén in Südspanien.

DESSERT UND GEBÄCK

OBEN: Rosig und aromatisch – solche Pfirsiche, mit einer Amaretto-Füllung verfeinert, sind ein köstlicher Nachtisch.

pochiert und mit milden Gewürzen aromatisiert. Es hält sich so mehrere Tage, und der Sirup saugt all die köstlichen Aromen der Früchte und Gewürze in sich auf. Birnen, Quitten, Aprikosen und Feigen sind typische Beispiele für diese Zubereitungsart. Erfrischende Desserts sind auch die geschmeidigen *sorbets* aus Frankreich und die feinkristallinen *granitas* aus Italien oder die saftigen, aromatischen gebackenen Früchte, die gelegentlich mit Zucker bestreut und mit Mascarpone oder Ricotta und einem Schuß Likör angerichtet werden. Trockenfrüchte, die in großer Vielfalt und bester Qualität angeboten werden, reicht man ebenfalls mit Dessertwein oder Likör als simplen, aber köstlichen Nachtisch.

OBEN: Zu Pyramiden aufgehäufte makellose Früchte erwarten den Käufer in der Markthalle von Florenz.

In der Türkei, Griechenland, dem Libanon und Ägypten liebt man als Zwischenmahlzeit kleines, sehr süßes Gebäck und Konfekt zu einem starken Kaffee. Hierunter fallen all die gehaltvollen Kuchen, Kringel, Grieß- und Nußschnitten, die mit gewürztem Sirup getränkt und mit Honig, Mandeln, Pistazien, Sesam, Pinienkernen, Rosen- oder Orangenblütenwasser aromatisiert werden. Sie bilden zum leicht bitteren Kaffee einen höchst angenehmen Kontrast. Grießhalwa mit Nüssen ist ein relativ leichter sirupgetränkter Kuchen, der ebenfalls perfekt mit Kaffee harmoniert, mit Schlagsahne aber auch ein prächtiges Dessert ergibt.

Weitere bekannte Nachspeisen sind die süßen Milchpuddings, die es im östlichen ebenso wie im westlichen Mittelmeerraum gibt. In Nordafrika und dem Nahen Osten werden sie mit Rundkornreis gekocht und mit Zimt, Nelken, Anis oder Fenchelsaat gewürzt. In der Regel serviert man sie gut gekühlt, gelegentlich mit Sirup aus Honig und Orangensaft beträufelt. Ein klassisches spanisches Dessert ist die von den Mauren erfundene *Crema Catalana*, die oft zusammen mit Früchten gereicht wird.

DESSERT UND GEBÄCK

FRISCHE FEIGEN MIT HONIG UND WEIN

Am besten geeignet sind fleischige, feste Früchte, die wegen ihrer kurzen Lagerfähigkeit bald verarbeitet werden sollten. Die Garzeit richtet sich nach dem Reifegrad der Früchte.

450 ml trockener Weißwein
75 g flüssiger Honig
50 g Feinzucker
1 kleine Orange
8 ganze Nelken
450 g frische Feigen
1 Zimtstange
frische Lorbeerblätter zum Garnieren

FÜR DIE SAHNE
300 ml Schlagsahne
1 Vanilleschote
1 TL Feinzucker

6 PORTIONEN

1 Wein, Honig und Zucker im Kochtopf langsam erhitzen, bis der Zucker sich aufgelöst hat.

2 Die Orange mit Nelken spicken und mit den Feigen und der Zimtstange in den Sirup geben. Zugedeckt 5-10 Minuten dünsten, bis die Feigen weich sind. In eine Schüssel legen und abkühlen lassen.

3 Die Vanilleschote mit 150 ml Sahne in einem kleinen Topf bis knapp unter den Siedepunkt erhitzen. 30 Minuten ziehen lassen. Vanilleschote herausnehmen und die Vanillesahne mit der übrigen Sahne und dem Zucker in einer Rührschüssel halbsteif schlagen. Die Feigen garnieren und mit der Sahne servieren.

DESSERT UND GEBÄCK

CHURROS

In Spanien werden diese Krapfen in riesigen Spiralen ausgebacken. Unsere hausgemachten Churros reichen Sie am besten frisch gebacken zu heißer Schokolade oder einem Espresso.

200 g Mehl
¼ TL Salz
2 EL Feinzucker
4 EL Oliven- oder Sonnenblumenöl
1 Ei, verquirlt
Feinzucker und gemahlener Zimt
zum Bestreuen
Öl zum Fritieren

ERGIBT 12–15 STÜCK

1 Mehl, Salz und Zucker auf einen Teller sieben. In einem Topf 250 ml Wasser mit dem Öl zum Kochen bringen.

2 Die Mehlmischung dazugeben und mit einem Holzlöffel so lange rühren, bis ein zäher Teig entsteht. 2 Minuten abkühlen lassen.

3 Das Ei unterziehen und den Teig glattrühren. Ein Backblech einfetten. Reichlich Zucker und etwas Zimt auf einen Teller streuen.

4 Den Teig in einen Spritzbeutel mit 1 cm großer runder Tülle füllen und kleine Kringel oder S-Formen auf das Backblech spritzen.

5 In einer Fritierpfanne 5 cm hoch Öl erhitzen, bis es Blasen wirft, wenn man eine Teigprobe hineingibt.

6 Mit einem gefetteten Schaumlöffel mehrere Teigstücke in das Öl gleiten lassen und in 2 Minuten goldbraun fritieren.

7 Auf Küchenpapier das Öl abtropfen lassen und mit Zimtzucker bestreuen. Die restlichen Churros ebenso ausbacken und sofort servieren.

DESSERT UND GEBÄCK

WALNUSS-RICOTTA-KUCHEN

Der sahnige Ricotta-Frischkäse wird in Italien oft für Süßspeisen verwendet. In diesem saftigen Rührteigkuchen verbindet er sich gut mit dem feinen Aroma der Walnüsse. Machen Sie sich nichts daraus, wenn der Kuchen nach dem Backen etwas zusammenfällt – das macht ihn nur authentischer.

115 g Walnußstücke
150 g weiche Butter
150 g Feinzucker
5 Eier, getrennt
Fein abgeriebene Schale von 1 Orange
150 g Ricotta-Käse
40 g Mehl

FÜR DEN ÜBERZUG:
4 EL Aprikosenmarmelade
2 EL Weinbrand
50 g Edel- oder Zartbitterschokolade, grob geraspelt

ERGIBT 10 STÜCKE

1 Den Backofen auf 190 °C vorheizen. Den Boden einer hohen runden Springform von 23 cm Durchmesser einfetten. Die Walnüsse grob hacken und leicht rösten.

2 Butter und 115 g Zucker schaumig rühren. Dann Eigelb, Orangenschale, Ricotta, Mehl und Walnüsse dazugeben und zu einem Teig vermengen.

3 Eiweiß in einer großen Schüssel steif schlagen, den restlichen Zucker allmählich unterziehen. Mit einem Metallöffel zunächst ein Viertel des Eischnees in die Ricotta-Mischung rühren, anschließend den restlichen Eischnee vorsichtig unterheben.

4 Die Masse in die vorbereitete Form füllen und die Oberfläche glattstreichen. 30 Minuten backen, bis der Kuchen gut aufgegangen und fest ist. In der Form abkühlen lassen.

5 Den Kuchen auf eine Platte stürzen. Die Aprikosenmarmelade mit 1 EL Wasser erhitzen, durch ein Sieb streichen und den Weinbrand hineinrühren. Oberfläche und Seiten des Kuchens damit bestreichen und mit Schokoladenraspeln bestreuen.

VARIANTE
Sie können die Walnüsse durch gehackte, geröstete Mandeln ersetzen.

DESSERT UND GEBÄCK

CANTUCCINI

Dieses herrliche italienische Gebäck wird doppelt gebacken. Nach dem ersten Backgang schneidet man es in Scheiben, so daß die vielen Nüsse zum Vorschein kommen. Anschließend wird es nochmals knusprig braun gebacken. Traditionell tunkt man es in Vino Santo, einen süßen Dessertwein.

50 g weiche Butter
115 g Feinzucker
175 g Mehl
¼ TL Salz
3 TL Backpulver
1 TL gemahlener Koriander
Fein abgeriebene Schale von 1 Zitrone
50 g Polenta (Maisgrieß)
1 Ei, leicht verquirlt
2 TL Weinbrand oder Orangenlikör
50 g ungeschälte Mandeln
50 g Pistazien

ERGIBT 24 STÜCK

1. Den Backofen auf 160 °C vorheizen. Ein Backblech leicht einfetten. Butter und Zucker cremig schlagen.

2. Mehl, Salz, Backpulver und Koriander in eine Schüssel sieben. Zitronenschale, Polenta, Ei und Weinbrand oder Likör dazugeben und zu einem weichen Teig verarbeiten.

3. Die Nüsse gleichmäßig einarbeiten. Die Masse halbieren. Jede Hälfte zu einer flachen, etwa 6 cm dicken Rolle formen. Etwa 30 Minuten backen, bis der Teig aufgegangen und fest ist. Aus dem Ofen nehmen.

4. Sobald sie abgekühlt sind, beide Rollen diagonal in 12 Scheiben schneiden. Diese auf dem Blech weitere 10 Minuten knusprig backen.

5. Auf einem Kuchengitter auskühlen lassen. In einer luftdichten Dose können Sie die Cantuccini gut eine Woche lang aufbewahren.

SO GEHT'S BESSER
Die Rollen mit einem Sägemesser schneiden, sonst bröckeln sie.

DESSERT UND GEBÄCK

DESSERT UND GEBÄCK

GRIESSHALWA MIT NÜSSEN

Im östlichen Mittelmeerraum ist Grieß eine beliebte Zutat vieler Desserts und Backwaren. Bei diesem Rezept wird der lockere Teig mit einem aromatischen, würzigen Sirup getränkt.

FÜR DIE HALWA
115 g weiche Butter
115 g Feinzucker
Fein abgeriebene Schale von 1 Orange
plus 2 EL Saft
3 Eier
175 Grieß
2 TL Backpulver
115 g Haselnüsse, gemahlen

FÜR DEN SIRUP
350 g Zucker
2 Zimtstangen, halbiert
Saft von 1 Zitrone
4 EL Orangenblütenwasser
50 g Haselnüsse, ungeschält, geröstet
und gehackt
50 g Mandeln, geschält, geröstet und
gehackt
Zesten von 1 Orange

1. Den Backofen auf 220 °C vorheizen. Den Boden einer hohen quadratischen Kuchenform (keine Springform!) einfetten.

2. Butter in einer Schüssel leicht verrühren. Zucker, Orangenschale und -saft, Eier, Grieß, Backpulver und Haselnüsse dazugeben und alles glattrühren.

3. Die Masse in die Form füllen. 20–25 Minuten backen, bis die Halwa eben fest und goldbraun ist. In der Form abkühlen lassen.

4. Für den Sirup den Zucker in einem schweren kleinen Topf mit 575 ml Wasser und den halbierten Zimtstangen unter Rühren sachte erhitzen, bis er sich gänzlich aufgelöst hat.

5. Zum Kochen bringen und ohne Umrühren 5 Minuten sprudelnd kochen lassen. Die Hälfte des Sirups abmessen, Zitronensaft und Orangenblütenwasser dazugeben und über die Halwa-Schnitten gießen. Den restlichen Sirup aufbewahren.

6. Die Halwa in der Form lassen, bis der Sirup durchgezogen ist, dann auf einen Teller stürzen und diagonal in Rauten schneiden. Mit den Nüssen bestreuen.

7. Den restlichen Sirup kochen, bis er etwas eingedickt ist und auf die Halwa gießen. Zum Schluß die Orangenzesten über das Gebäck streuen und mit halbsteif geschlagener Sahne servieren.

SO GEHT'S BESSER
Unbedingt eine Form mit festem Boden nehmen und keine Springform, denn sonst läuft der Sirup aus.

DESSERT UND GEBÄCK

CREMA CATALANA

*Diese leckere spanische Nascherei ist ein Mittelding zwischen Crème caramel und Crème brûlée.
Sie ist nicht ganz so fett wie letztere, hat aber eine ähnliche Kruste aus karamelisiertem Zucker.*

475 ml Milch
Abgeriebene Schale von 1 Zitrone
1 Zimtstange
4 Eigelb
7 EL Feinzucker
1½ EL Speisestärke
Muskat, gemahlen

4 PORTIONEN

1 Milch, Zitronenschale und Zimtstange in einem Topf zum Kochen bringen und 10 Minuten köcheln lassen. Zitronenschale und Zimtstange herausnehmen.

2 Eigelb und 3 EL des Zuckers in einer Schüssel cremig schlagen, dann die Speisestärke untermischen. Einige Eßlöffel heiße Milch einrühren und diese Mischung zur übrigen Milch schütten. Wieder aufs Feuer stellen und 5 Minuten unter Rühren ziehen lassen, bis die Masse dick und glatt wird. Nicht mehr kochen! Die Masse darf nicht mehlig schmecken.

3 In 4 ofenfeste Portionsförmchen füllen. Erkalten lassen und einige Stunden kühl stellen, bis die Creme fest ist, vorzugsweise über Nacht. Vor dem Servieren jede Portion mit 1 EL Zucker und etwas gemahlenem Muskat bestreuen. Den Grill auf höchster Stufe vorheizen.

4 Die Förmchen auf die oberste Schiene direkt unter den Grill stellen und den Zucker karamelisieren lassen, was nur Sekunden dauert. Vor dem Servieren einige Minuten abkühlen lassen, aber Vorsicht: Der Karamel bleibt nur etwa 30 Minuten fest!

DESSERT UND GEBÄCK

MAROKKANISCHER REISPUDDING

Eine einfache und leckere Abwechslung zum herkömmlichen Milchreis. Der Reis wird in Mandelmilch gekocht und mit Zimt und Orangenblütenwasser abgeschmeckt.

25 g geschälte Mandeln, gehackt
450 g Milchreis
25 g Puderzucker
Zimtstange, 7,5 cm lang
50 g Butter
1 Prise Salz
¼ TL Mandelessenz
175 ml Milch
175 ml Kondensmilch
2 EL Orangenblütenwasser
Geröstete Mandelblättchen und Zimt zum Garnieren

6 PORTIONEN

1 Um die ›Mandelmilch‹ herzustellen, die Mandeln im Mixer mit 4 EL sehr heißem Wasser fein pürieren. Durch einen Sieb streichen und mit weiteren 4 EL sehr heißem Wasser nochmals im Mixer glattrühren. Durch ein Sieb in einen Topf streichen.

2 300 ml Wasser zur Mandelmilch gießen und kurz aufkochen lassen. Mit Reis, Zucker, Zimt, der Hälfte der Butter, Salz, Mandelessenz und der Hälfte der Milch vermischen.

3 Zum Kochen bringen und zugedeckt etwa 30 Minuten köcheln lassen. Eventuell noch Milch dazugeben. Den Reis unter Rühren weiterkochen und die restliche Milch hinzufügen, bis er dick und klebrig wird. Das Orangenblütenwasser hineinrühren und nach Belieben nachsüßen.

4 Den Reis in einer Schüssel anrichten und mit Mandelblättchen bestreuen. Restliche Butter darauf verteilen und mit gemahlenem Zimt bestäuben. Heiß servieren.

DESSERT UND GEBÄCK

EIS AUS TÜRKISCHEM FRUCHTGELEE

Dies ist zwar kein traditionelles orientalisches Rezept, bietet aber eine gute Gelegenheit, türkisches Fruchtgelee (Lokum) zu verwerten. Falls möglich, mit Rosenblütenblättern garnieren.

4 Eigelb
115 g Feinzucker
300 ml Milch
300 ml Schlagsahne
1 EL Rosenwasser
175 g Lokum mit Rosenaroma
(Lokum ist hier meist unter dem
Namen ›Turkish Delight‹ im Handel)

1 Eigelb und Zucker verschlagen. Milch zum Kochen bringen und zur Ei-Zuckermischung gießen. Alles wieder zurück in den Topf geben.

2 Auf kleiner Flamme rühren, bis die Mischung am Löffelrücken haften bleibt. Nicht kochen, sonst gerinnt die Masse. Abkühlen lassen, Sahne und Rosenwasser hinzugeben.

3 Das gehackte Lokum in einem Topf mit 2–3 EL Wasser fast zum Schmelzen bringen, ein paar Klümpchen sollten noch sichtbar sein. Von der Flamme nehmen und unter die Creme heben.

4 Die Masse völlig auskühlen lassen. In eine flache Gefrierschale füllen und 3 Stunden gefrieren, dann die angefrorene Masse in eine Schüssel geben.

5 Mit einem Schneebesen gründlich durchschlagen. Zurück in die Gefrierschale geben und weitere 2 Stunden gefrieren. Nochmals schlagen und weitere 3 Stunden gefrieren, bis die Creme fest ist. Das Eis 20–25 Minuten vor dem Servieren aus dem Gefrierfach nehmen. Mit zartem Mandelgebäck oder Baisers servieren.

DESSERT UND GEBÄCK

GEEISTE ORANGEN

Diese hübschen Sorbets in Orangenschale wurden ursprünglich in den Strandcafés der Côte d'Azur angeboten. Sie sind bequem zu essen – und in der Kühltasche eine nette Überraschung beim Picknick!

150 g Zucker
Saft von 1 Zitrone
14 mittelgroße Orangen
8 frische Lorbeerblätter als Dekor

8 PORTIONEN

1. Den Zucker mit der Hälfte des Zitronensafts und 120 ml Wasser in einem schweren Topf auf kleiner Flamme erhitzen. Wenn sich der Zucker aufgelöst hat, für 2–3 Minuten zum Kochen bringen, bis der Sirup klar wird. Abkühlen lassen.

2. Von acht Orangen oben einen ›Deckel‹ abschneiden. Das Fruchtfleisch mit einem Löffel herauslösen und beiseite stellen. Die leeren Orangenschalen und die Deckel auf einem Tablett ins Gefrierfach stellen.

3. Die Schale der übrigen Orangen abreiben und in den Sirup geben. Die Orangen und das ausgelöste Fruchtfleisch auspressen. Benötigt werden 750 ml, deshalb ggf. eine weitere Orange auspressen oder gekauften Orangensaft dazugeben.

4. Den Saft und den restlichen Zitronensaft mit 6 EL Wasser in den Sirup geben. Abschmecken und nach Belieben ggf. mehr Zitronensaft oder Zucker hinzufügen. Die Masse in eine flache Gefrierschale gießen und 3 Stunden gefrieren.

5. Die Masse in einer Schüssel aufschlagen, um die Eiskristalle zu brechen. Weitere 5 Stunden gefrieren, bis sie fest, aber nicht steif ist.

6. Die Orangenschalen mit der Mischung bis über den oberen Rand hinaus füllen. Die Deckel aufsetzen. Bis zum Servieren kalt stellen, kurz vorher mit Lorbeer verzieren.

SO GEHT'S BESSER
Stabilisieren Sie die Orangen während des Gefrierens mit zusammengeknülltem Küchenpapier.

DESSERT UND GEBÄCK

GEFÜLLTE PFIRSICHE MIT MASCARPONE-CREME

Mascarpone ist ein samtig-dicker italienischer Sahnequark aus Kuhmilch. Er wird gern für Desserts verwendet oder zu frischem Obst gegessen.

4 große Pfirsiche, halbiert, entsteint
40 g Amaretti, zerbröselt
2 EL Mandeln, gemahlen
3 EL Zucker
1 EL Kakaopulver
150 ml süßer Wein
25 g Butter

FÜR DIE MASCARPONE-CREME
2 EL Feinzucker
3 Eigelb
1 EL süßer Wein
225 g Mascarpone
150 ml Schlagsahne

4 PORTIONEN

1 Den Backofen auf 200 °C vorheizen. Mit einem Teelöffel etwas Fruchtfleisch aus den Pfirsichen ausstechen, um genügend Platz für die Füllung zu schaffen. Das ausgestochene Fruchtfleisch zerkleinern.

2 Amaretti, gemahlene Mandeln, Zucker, Kakao und Pfirsichfleisch mischen. Soviel Wein hinzufügen, daß eine dicke Paste entsteht.

3 Die Pfirsiche in eine gebutterte feuerfeste Form legen und füllen. Mit Butterstückchen belegen, den restlichen Wein in die Form geben und 35 Minuten backen.

4 Für die Mascarpone-Creme Zucker und Eigelb weiß und schaumig rühren. Den Wein dazugeben und den Mascarpone unterheben. Die Sahne halbsteif schlagen und unterrühren. Die Pfirsiche aus dem Ofen nehmen und abkühlen lassen. Bei Zimmertemperatur mit der Mascarpone-Creme servieren.

DESSERT UND GEBÄCK

DESSERT UND GEBÄCK

CLAFOUTIS

*In der Kirschenzeit ist dieses ebenso schlichte wie köstliche Dessert immer goldrichtig.
Noch warm mit halbflüssiger Sahne servieren.*

675 g frische Kirschen
50 g Mehl
1 Prise Salz
4 Eier plus 2 Eigelb
115 g Feinzucker
600 ml Milch
50 g zerlassene Butter
Feinzucker zum Bestäuben

6 PORTIONEN

1 Den Backofen auf 190 °C vorheizen. Den Boden und die Seiten einer flachen feuerfesten Form ausbuttern. Die Kirschen entsteinen und in die Form legen.

2 Mehl und Salz in eine Schüssel sieben. Eier, Eigelb, Zucker und etwas Milch dazugeben und zu einem glatten Teig verrühren.

3 Nach und nach die restliche Milch und Butter hinzufügen. Den Teig durch ein Sieb über die Kirschen gießen und 40–50 Minuten backen, bis er goldgelb und ansatzweise fest ist. Noch warm servieren.

VARIANTE
Sollten keine frischen Kirschen zu bekommen sein, läßt man zwei Gläser entsteinte Schwarzkirschen gründlich abtropfen und verwendet sie statt dessen. Einen besonders schönen Duft entwickelt der Clafoutis, wenn man dem Teig 3 EL Kirschwasser hinzufügt.

DESSERT UND GEBÄCK

MOKKA-GRANITA

Eine Granita ähnelt einem Sorbet, weist jedoch größere Eiskristalle auf. Granitas sind eine italienische Spezialität und besonders im Sommer sehr erfrischend. Viele werden aus Früchten gemacht, die hier vorgestellte Version mit Kaffee ist jedoch die beliebteste.

350 ml heißer, starker Espresso
2 EL Zucker
250 ml Schlagsahne
2 TL Feinzucker

6–8 PORTIONEN

1. Den Zucker im heißen Kaffee auflösen. Abkühlen lassen, dann kalt stellen. In eine flache Gefrierschale einfüllen und etwa 1 Stunde gefrieren.

2. Der Kaffee sollte nun am Rand der Schale gefroren sein. Diese Schicht mit einem Löffel abschaben und mit dem noch flüssigen Kaffee vermischen; dabei die Eisklümpchen auseinanderbrechen. Den Vorgang alle 30 Minuten wiederholen.

3. Nach 2½ Stunden ist die Granita fertig. Sie hat jetzt die Konsistenz von Pappschnee. Die Sahne mit dem Zucker steif schlagen. Die Granita in hohe Gläser füllen und jedes Glas mit einem Löffel Schlagsahne krönen.

DESSERT UND GEBÄCK

DATTEL-MANDEL-TORTE

Frische Datteln sind ein ungewohnter, aber köstlicher Tortenbelag. In diesem Fall erkennt man französische und orientalische Vorbilder, die hier zu einer mediterranen Einheit verschmelzen.

FÜR DEN TEIG
175 g Mehl
75 g Butter
1 Ei

FÜR DIE FÜLLUNG
90 g Butter
90 g Feinzucker
1 Ei, verquirlt
90 g Mandeln, gemahlen
2 EL Mehl
2 EL Orangenblütenwasser
12–13 frische Datteln, halbiert und entsteint
4 EL Aprikosenmarmelade

ERGIBT 6 STÜCKE

1 Den Backofen auf 200 °C vorheizen. Mehl in eine Schüssel sieben, Butter dazugeben und die Mischung mit den Fingerspitzen zu feinen Krümeln verreiben. Das Ei und 1 EL kaltes Wasser hinzufügen und zu einem glatten Teig verkneten.

2 Den Teig auf einer bemehlten Arbeitsfläche ausrollen und eine Tortenform von 20 cm Durchmesser damit auskleiden. Den Boden mit der Gabel einstechen und kalt stellen.

3 Für die Füllung Butter und Zucker leicht verschlagen. Das Ei unterziehen. Gemahlene Mandeln, Mehl und 1 EL Orangenblütenwasser hinzufügen und gut verrühren.

4 Die Masse gleichmäßig auf dem Teigboden verteilen. Datteln mit der Schnittseite nach unten auf die Mandelmasse legen. Im heißen Ofen 10–15 Minuten backen, dann die Temperatur auf 180 °C verringern und weitere 15–20 Minuten backen, bis die Torte goldgelb und fest ist.

5 Auf einem Gitter abkühlen lassen. Die Aprikosenmarmelade etwas erwärmen und durch ein Sieb streichen.

6 Das restliche Orangenblütenwasser hinzufügen. Die Torte mit der Marmelade bestreichen und bei Zimmertemperatur servieren.

DESSERT UND GEBÄCK

DESSERT UND GEBÄCK

ZITRONENBUTTERCREMETORTE

Dieses klassische französische Dessert, eine gehaltvolle Zitronenbuttercreme in einem knusprigen Teig, ist eine echte Delikatesse.

FÜR DEN TEIG
225 g Mehl
115 g Butter
2 EL Puderzucker
1 Ei
1 TL Vanilleessenz

FÜR DIE FÜLLUNG
6 Eier, verquirlt
350 g Feinzucker
115 g Butter
Abgeriebene Schale und Saft von 4 Zitronen
Puderzucker zum Bestäuben

ERGIBT 6 STÜCKE

[1] Den Backofen auf 200 °C vorheizen. Mehl in eine Schüssel sieben, Butter dazugeben und die Mischung mit den Fingerspitzen zu feinen Krümeln verreiben. Den Puderzucker hineinrühren.

[2] Ei, Vanilleessenz und einen knappen EL kaltes Wasser hinzufügen und alles zu einem Teig verarbeiten.

[3] Den Teig auf einer bemehlten Arbeitsfläche ausrollen und eine Tortenform von 20 cm Durchmesser damit auskleiden. Mit Alufolie oder Pergamentpapier auslegen, mit Reis füllen und 10 Minuten blindbacken.

[4] Für die Füllung Eier, Zucker und Butter in einen Topf geben und unter Rühren auf kleiner Flamme erwärmen, bis der Zucker sich aufgelöst hat. Zitronensaft und -schale hinzufügen und unter Rühren weiterkochen, bis die Zitronencreme andickt.

[5] Die Creme auf den ausgeleerten Boden gießen und 20 Minuten backen. Die Torte auf einem Küchengitter abkühlen lassen. Kurz vor dem Servieren mit Puderzucker bestäuben.

DESSERT UND GEBÄCK

HONIG-PINIENKERNTORTE

Geschmack und Aroma dieses französischen Rezepts verraten die Herkunft aus dem sonnigen Süden des Landes.

FÜR DEN TEIG
225 g Mehl
115 g Butter
2 EL Puderzucker
1 Ei

FÜR DIE FÜLLUNG
115 g Butter, gewürfelt
115 g Feinzucker
3 Eier, verquirlt
175 g Sonnenblumenhonig
Abgeriebene Schale und Saft von
1 Zitrone
225 g Pinienkerne
1 Prise Salz
Puderzucker zum Bestäuben

ERGIBT 6–8 STÜCKE

1 Den Backofen auf 180 °C vorheizen. Mehl in eine Schüssel sieben, Butter dazugeben und mit den Fingerspitzen zu feinen Krümeln verreiben. Den Puderzucker beimengen, das Ei und 1 EL Wasser dazugeben und so lange durcharbeiten, bis sich der Teig von der Schüsselwand löst.

3 Die Butter mit dem Zucker schaumig schlagen. Die Eier einzeln hinzufügen und weiterrühren. Den Honig auf kleiner Flamme flüssig werden lassen und mit Zitronenschale und -saft zur Buttermasse geben. Die Pinienkerne und Salz hinzufügen und die Masse in den Teigboden füllen.

2 Den Teig auf einer bemehlten Arbeitsfläche ausrollen und damit eine Tortenform von 23 cm Durchmesser auskleiden. Den Boden mit einer Gabel einstechen und 10 Minuten kalt stellen. Mit Alufolie oder Pergamentpapier auskleiden, mit Reis oder Bohnenkernen füllen und 10 Minuten blindbacken.

4 Etwa 45 Minuten backen, bis die Füllung leicht gebräunt und fest ist. In der Form etwas abkühlen lassen. Mit reichlich Puderzucker bestäuben. Noch warm oder bei Zimmertemperatur mit Crème fraîche oder Vanilleeis servieren.

DESSERT UND GEBÄCK

GLASIERTE BACKPFLAUMENTORTE

Frankreichs Patisserien sind berühmt für ihre feinen Torten mit Cremefüllung. Saftige Backpflaumen werden hier mit einem guten Schuß Weinbrand oder Kirschwasser veredelt und verbinden sich mit der feinen, süßen Creme zu einem butterzarten Geschmackserlebnis.

---

225 g Backpflaumen
4 EL Weinbrand oder Kirschwasser

FÜR DEN TEIG
175 g Mehl
1 Prise Salz
115 g Butter
25 g Feinzucker
2 Eigelb

FÜR DIE FÜLLUNG
150 ml Schlagsahne
150 ml Milch
1 Vanilleschote
3 Eier
50 g Feinzucker

FÜR DIE GLASUR
4 EL Aprikosenmarmelade
1 EL Weinbrand oder Kirschwasser

ERGIBT 6–8 STÜCKE

---

1 Die Pflaumen mit Weinbrand oder Kirschwasser beträufeln und etwa 4 Stunden ziehen lassen, bis die Flüssigkeit aufgenommen ist.

2 Für den Teig Mehl in eine Schüssel sieben, die Butter in Würfel schneiden und mit den Fingerspitzen untermengen. Zucker und Eigelb zugeben und mit der Gabel zu einem glatten Teig verarbeiten.

3 Den Teig auf einer bemehlten Arbeitsfläche zu einer glatten Kugel kneten. Fest einwickeln und 30 Minuten kalt stellen.

4 Den Backofen auf 200 °C vorheizen. Teig auf einer bemehlten Arbeitsfläche ausrollen und eine Kuchenform damit auslegen.

5 Mit Pergamentpapier auskleiden, mit Reis oder Bohnenkernen füllen und 15 Minuten blindbacken. Reis oder Bohnen und Papier entfernen und 5 Minuten weiterbacken.

6 Die Pflaumen gleichmäßig auf dem Teigboden verteilen. Reste der Einweichflüssigkeit für die Aprikosenglasur aufbewahren.

7 Für die Cremefüllung Sahne und Milch mit der Vanilleschote in einem Topf zum Kochen bringen, dann die Mischung 15 Minuten auf der abgestellten Platte ziehen lassen.

8 Eier und Zucker in einer Schüssel verschlagen. Die Vanilleschote aus der Sahne nehmen und diese wieder aufkochen. Zur Ei-Zuckermasse gießen und cremig rühren.

9 Etwas abkühlen lassen und über die Pflaumen gießen. Die Torte etwa 25 Minuten backen, bis die Füllung stockt und an den Rändern goldbraun ist.

10 Aprikosenmarmelade durch ein Sieb in ein Töpfchen streichen. Weinbrand oder Kirschwasser dazugeben, leicht erwärmen und damit die Torte glasieren. Warm servieren.

SO GEHT'S BESSER
Die Vanilleschote kann man abwaschen, trocknen und später wiederverwenden. Ersatzweise nimmt man 1 TL Vanille- oder Mandelessenz.

DESSERT UND GEBÄCK

REGISTER

Ackerbohnen (dicke Bohnen), 10
  Salat von Ackerbohnen, Pilzen und Chorizo, 104
  Warmer Ackerbohnensalat mit Feta, 98
Afelia, 148
Ägyptischer Bohnensalat, 97
Ägyptisches Reisgericht mit Linsen, 216
Aioli: Fritierte Kartöffelchen mit Safran-Aioli, 22
  Tapenade und Kräuter-Aioli mit Sommergemüse, 36
Artischocken, 10
  Artischocken und Bohnen mit Vinaigrette, 102
Auberginen, 10
  Gegrillte Auberginenpäckchen, 68-69
  Kichererbsen-Auberginenragout, 82
  Marinierte Mini-Auberginen mit Rosinen und Pinienkernen, 33
  Moussaka, 150
  Würziger Auberginensalat, 90
Avocado-Orangensalat mit Mandeln, 104

Backpflaumentorte, glasierte, 250
Basilikum, 15
Birnen, Gewürzente mit, 186
Bohnen, 199
Bohnenkerne, 14
  Cassoulet, 182
Bouillabaisse, 44
Bouquet garni, 15
Brandade de Morue, 119
Brik-Teig, 17
Brodetto, 126
Brot, 198
  mit getrockeneten Tomaten, 202

Crostini, 32
Focaccia, 206
Focaccia mit Zwiebeln, 208
Griechisches Osterbrot, 204
Olivenbrot, 212
Bulgur, 12
  Gefüllte Kibbeh, 214

Cacik, 96
Cantuccini, 232
Cassoulet, 182
Chilischoten, 16
Chorizo:
  Chorizo in Olivenöl, 30
  Datteln mit Chorizo-Füllung, 22
  Hähnchen mit Chorizo, 176
  Salat von Ackerbohnen, Pilzen und Chorizo, 104
Churros, 229
Clafoutis, 242
Crema Catalana, 236
Crostini, 32

Datteln, 12-13
  Dattel-Mandel-Torte, 244
  Datteln mit Chorizo-Füllung, 22
  Marokkanischer Salat mit Datteln, 92
Daube mit Oliven, provençalische, 160
Desserts, 225-250

Eier: Griechische Zitronensuppe, 57
  Tortilla mit Zwiebeln, 66
Eis aus türkischem Fruchtgelee, 238
Ente: Entenbrust mit einer Walnuß-Granatapfelsauce, 190
  Gewürzente mit Birnen, 186
Estragon, 16

Falafel, 201
Feigen, 13
  Feigen mit Honig und Wein, 228
  Schmorhähnchen mit Würzfeigen, 177
Fenchel, 10
  Gegrillter Wolfsbarsch mit Fenchel, 118
Fisch und Meeresfrüchte, 13-14, 107-135
  Bouillabaisse, 44
  Brodetto, 126
  Fischsuppe mit Rouille, 52
  Gebackener Fisch mit Tahini, 130
Fleischgerichte, 137-166
Focaccia, 206
  Focaccia mit Zwiebeln, 208
Fonduta, 29

Galizische Bohnensuppe, 58
Garnelen, 14
  Crevettenbutter, 32
  Riesengarnelen mit Romesco-Sauce, 116

REGISTER

Knoblauch-Crevetten, 30
Scampi-Spieße, 112
Gazpacho, 47
Geflügel und Wild, 169-194
Gekochter Gemüsesalat, 93
Gemüse, 10-12, 63-83
   Pistou, 56
   Ratatouille, 77
   Ribollita, 51
   Tapenade und Kräuter-Aioli mit Sommergemüse, 36
   Terrine von gegrilltem Gemüse, 38
   Würziger Gemüse-Kuskus, 222
Getreide und Hülsenfrüchte, 12, 197-222
Gewürze, 16-17
Gnocchi mit Spinat und Ricotta, 70
Granatäpfel: Entenbrust mit einer Walnuß-Granatapfelsauce, 190
Granita, Mokka-, 243
Griechische Zitronensuppe, 57
Griechischer Bauernsalat, 90

Griechisches Osterbrot, 204
Gurke: Cacik, 96
   Orientalische Gurken-Joghurtsuppe, 55

Hähnchen, 170-171
   Brathähnchen in Olivenöl mit mediterranem Gemüse, 174
   Hähnchen in der Salzkruste, 184
   Hähnchen mit Aprikosen in Brik-Teig, 178
   Hähnchen mit Chorizo, 176
   Hähnchen mit Zitronen und Oliven, 181
   Hähnchenleber, 32
   Hähnchenschenkel mit Zitrone, 172
   Schmorhähnchen mit Würzfeigen, 177
   Tscherkessisches Hähnchen, 180
Halloumi-Salat mit Weintrauben, 98
Halwa mit Nüssen, 234
Harissa, 17
Hartweizengrieß *siehe* Bulgur
Honig, 17
   Honig-Pinienkerntorte, 248
Hülsenfrüchte und Getreide, 14, 197-222
Hummus bi Tahina, 200

Joghurt, 12
   Cacik, 96
   Joghurtbällchen in Olivenöl, 34-35
   Orientalische Gurken-Joghurtsuppe, 55

Kabeljau mit Plaki, 135
Kalbfleisch: Schnitzel mit Marsala und Wacholder, 153
Kalmare, 13, 109
   Schwarze Nudeln mit Tintenfisch, 114
   Gefüllter Tintenfisch, 132

Kaninchen Salmorejo, 188
Kapern, 17
Kardamom, 16
Kartoffeln: Fritierte Kartöffelchen mit Safran-Aioli, 22
   Galizische Bohnensuppe, 58
   Polpette, 71
   Spanische Kartoffeln, 83
   Tortilla mit Zwiebeln, 66
Käse, 12
   Ackerbohnensalat mit Feta, 98
   Fonduta, 29
   Gebackene Käsepolenta mit Tomatensauce, 217
   Gegrillte Auberginenpäckchen, 68
   Gnocchi mit Spinat und Ricotta, 70
   Joghurtbällchen in Olivenöl, 34-35
   Polpette, 71
   Salat mit Halloumi und Weintrauben, 98
   Tapas mit Mandeln, Oliven und Käse, 26
   Walnuß-Ricotta-Kuchen, 230
Kerbel, 15
Kibbeh, gefüllte, 214
Kichererbsen, 14, 199
   Falafel, 201
   Hummus bi Tahina, 200
   Kichererbsen-Auberginenragout, 82
Kirschen: Clafoutis, 242
Kleftiko, 156

REGISTER

Knoblauch, 17
   Knoblauch-Crevetten, 30
   Spanische Knoblauchsuppe, 61
Koriander, 15-16
Korsisches Rindsragout mit Rigatoni, 146
Kräuter, 15-16
Krebse, 14
Kreuzkümmel, 16
Kirtharakia, 17
Kuskus, 12, 198
   Paprika mit Kuskus-Füllung, 75
   Würziger Gemüse-Kuskus, 222

Lammfleisch: Gefüllte Kibbeh, 214
   Kleftiko, 156
   Lammragout mit Knoblauch und Ackerbohnen, 162
   Lammragout mit Paprika und Rioja, 144
   Lammspieße mit Korianderjoghurt, 154
   Marokkanische Harira, 50
   Moussaka, 150
   Soudzoukakia in Tomatensauce, 141
   Türkischer Lammpilau, 140
Limetten, 17
Linsen, 14
   Ägyptisches Reisgericht mit Linsen, 216

   Grüne Linsensuppe, 48
Lorbeer, 15

Macisblüte, 16
Majoran, 15
Mandeln, 15
   Geeiste Mandelsuppe, 46
   Tapas mit Mandeln, Oliven und Käse, 26
Marokkanische Harira, 50
Marokkanische Taubenpastete, 194
Marokkanischer Reispudding, 237
Marokkanischer Salat mit Datteln, 92
Mascarpone-Creme, Pfirsiche mit, 240
Meeresfrüchte und Fisch, 107-135
   Fischsuppe mit Rouille, 52
   Risotto mit Meeresfrüchten, 112
   Zarzuela, 128
Melone, 13
Mezze, 20-21
Miesmuscheln, 14
   Mediterraner Muscheltopf, 120

Muscheln mit Koblauch und Kräutern, 25
   Würzige Muschelsuppe, 48
Milchprodukte, 12
Minze, 16
Mokka-Granita, 243
Moussaka, 150
Muskatnuß, 16

Nudeln, 14-15, 198
Nüsse, 15

Okraschoten, 11
   Okraschoten mit Koriander und Tomaten, 74
Oktopus in Rotweinsauce, 122
Oliven, 12
   Olivenbrot, 212
   Pappardelle mit Oliven-Kapernsauce, 209
   Tapas mit Mandeln, Oliven und Käse, 26
   Tapenade und Kräuter-Aioli mit Sommergemüse, 36
Olivenöl, 17
   Joghurtbällchen in Olivenöl, 34-35
Orangen, 13
   Geeiste Orangen, 239
Orangenschale, 17
Orientalische Gurken-Joghurtsuppe, 55

Panzanella, 94
Pappardelle mit Oliven-Kapernsauce, 209
Paprikaschoten, 11
   Eingelegte Paprika, 28
   Gefüllte Tomaten und Paprika, 72
   Geröstete Paprika mit Tomaten und Sardellen, 88

REGISTER

Kalte Tomaten-Paprikasuppe, 60
Lammragout mit Paprika und Rioja, 144
Paprika mit Kuskus-Füllung, 75
Pasteten: Hähnchen mit Aprikosen in Brik-Teig, 178
   Marokkanische Taubenpastete, 194
Petersilie, 16
Pfefferkörner, 16
Pfirsiche, 13
   Gefüllte Pfirsiche mit Mascarpone-Creme, 240
Pikante Kürbissuppe, 54
Pilau mit Safran und grünen Walnüssen, 218
Pilze, 10-11
   Eingelegte Pilze, 66
   Pizza mit Porcini und Pesto, 211
Pinienkerne, 15
   Honig-Pinienkerntorte, 248
Pistazien, 15
Pistou, 56
   Zucchini-Puffer mit Pistou, 76
Pizza: mit Porcini und Pesto, 211
   spanische, 210
Polenta: Gebackene Käsepolenta mit Tomatensauce, 217
Polpette, 71
   Polpette mit Mozzarella und Tomaten, 166

Provençalische Daube mit Oliven, 160

Radicchio, 11
   Radicchio mit Topinambur und Walnüssen, 94
Ratatouille, 77
Reis, 12, 199
   Ägyptisches Reisgericht mit Linsen, 216
   Marokkanischer Reispudding, 237
   Siehe auch Pilau *und* Risotto
Ribollita, 51
Rigatoni, Korsisches Rindsragout mit, 146
Rindfleisch: Involtini mit Knoblauch und Tomatensauce, 152
   Korsisches Rindsragout mit Rigatoni, 146
   Polpette mit Mozzarella und Tomaten, 166
Risotto: Risotto alla Milanese, 220

Risotto mit Meeresfrüchten, 112
Rosmarin, 16
Rotbarben, 13
   Rotbarben mit Basilikum und Zitrusfrüchten, 110
Rouille, Fischsuppe mit, 52

Safran, 17
   Safran-Aioli, 22
Salade Niçoise, 100
Salate, 85-104
Salbei, 16
Sardinen: Gratinierte Sardinen, 127
   Sizilianische Spaghetti mit Sardinen, 115
Scampi-Spieße, 112
Schaltiere, 13-14
Schinken, geräucherter: Galizische Bohnensuppe, 58
Schnittlauch, 15
Schnitzel mit Marsala und Wacholder, 153
Schwarze-Bohnen-Topf, 158
Schweinefleisch: Afelia, 148
   Cassoulet, 182
   Schwarze-Bohnen-Topf, 158
   Schweinerückenbraten gefüllt mit Feigen, Oliven und Mandeln, 142
   Spanischer Schmortopf, 164
Seehecht mit Muscheln in Salsa verde, 134
Sorbet: Geeiste Orangen, 239
Soudzoukakia in Tomatensauce, 141
Spaghetti, sizilianische, mit Sardinen, 115
Spanische Kartoffeln, 83
Spanische Knoblauchsuppe, 61
Spanische Pizza, 210
Spanischer Schmortopf, 164
Spanischer Spargel-Orangensalat, 101

255

REGISTER

Spargel-Orangensalat, spanischer, 101
Spinat, 11
   Gnocchi mit Spinat und Ricotta, 70
   Pikante Rübchen mit Spinat und Tomaten, 79
   Spinat-Empanadillas, 24
   Spinat mit Rosinen und Pinienkernen, 78
Spinat-Empanadillas, 24
Steckrüben: Pikante Rübchen mit Spinat und Tomaten, 79
Stockfisch, 13-14, 109
   Brandade de Morue, 119
Suppen, 41-61

Tagliatelle: Schwarze Nudeln mit Tintenfisch, 114
Tahini, 17
   Gebackener Fisch mit Tahini, 130
   Hummus bi Tahina, 200
Tapas, 20
   Tapas mit Mandeln, Oliven und Käse, 26
Tapenade und Kräuter-Aioli mit Sommergemüse, 36
Taube: Marokkanische Taubenpastete, 194
   Taubenbrüste mit Pancetta, 192
Terrine von gegrilltem Gemüse, 38
Thunfisch, 14
   Salade Niçoise, 100
   Thunfisch-Tomatenragout, 124
Thymian, 16
Tomaten, 12

   Brot mit getrockeneten Tomaten, 202
   Frische Tomatensuppe, 59
   Gazpacho, 47
   Gebackene Käsepolenta mit Tomatensauce, 217
   Gefüllte Tomaten und Paprika, 72
   Kalte Tomaten-Paprikasuppe, 60
   Marokkanische Harira, 50
   Okraschoten mit Koriander und Tomaten, 74
   Pikante Rübchen mit Spinat und Tomaten, 79
   Thunfisch-Tomatenragout, 124
Tomatenmark, 17
Topinambur, 10
   Radicchio mit Topinambur und Walnüssen, 94
Torten: Dattel-Mandel-Torte, 244
   Glasierte Backpflaumentorte, 250
   Honig-Pinienkerntorte, 248
   Zitronenbuttercremetorte, 246
Tortilla: Tortilla mit Zwiebeln, 66
Tzatziki: Gefüllte Weinblätter mit Tzatziki, 80
Tscherkessisches Hähnchen, 180
Türkisches Fruchtgelee, 238
Türkischer Lammpilau, 140

Venusmuscheln: Seehecht mit Muscheln in Salsa verde, 134
Vinaigrette: Artischocken und Bohnen mit Vinaigrette, 102
Vorspeisen, 19-38

Walnuß-Ricotta-Kuchen, 230
Walnüsse, 15
   Walnuß-Ricotta-Kuchen, 230
Weinblätter, 12
   Gefüllte Weinblätter mit Tzatziki, 80
Wild und Geflügel, 169-195
Wolfsbarsch, 13
   Gegrillter Wolfsbarsch mit Fenchel, 118
Würste: *siehe* Chorizo

Zarzuela, 128
Zimt, 16
Zitrone, 17
   Griechische Zitronensuppe, 57
   Zitronenbuttercremetorte, 246
Zitronen, eingelegte, 17
Zucchini, 10
   Zucchini-Puffer mit Pistou, 76
Zwiebeln, 11
   Focaccia mit Zwiebeln, 208
   Spanische Pizza, 210
   Süßsaurer Zwiebelsalat, 89

Abbildungen: Mit Ausnahme der unten aufgeführten sind alle Fotos von Michelle Garrett.
Patrick Mc Leavey: S. 10 (oben rechts); The Image Bank: S. 1, 9 (unten links), 20 (oben links), 108 (links), 198, 227 (rechts); The Anthony Blake Photo Library: S. 9 (oben rechts), 138, 139, 171 (oben rechts), 171 (unten links), 227 (links); Robert Estall: S. 2, 6–7, 8; Michael Busselle: S. 87, 170, 226